# ROMANS

# 로마서

초판 1쇄    2023년 8월 25일
지은이      황원찬
펴낸이      이규종
펴낸곳      엘맨출판사
등록번호    제13-1562호(1985.10.29.)
등록된곳    서울시 마포구 토정로 222
           한국출판콘텐츠센터 422-3
전화        (02) 323-4060, 6401-7004
팩스        (02) 323-6416
이메일      elman1985@hanmail.net
           www.elman.kr

ISBN       978-89-5515-089-6  03230

값 12,000 원

# 로마서

황원찬 지음

하나님의 사람을 만들어 가는 **엘맨** ELMAN

# 머리말

로마서는 기독교 교리를 세부적으로 명쾌하게 서술하고 있
는 서신입니다. 바울의 언약이라 불리우는 교리서는 하나님
의 은혜와 함께 믿음으로 하나님과 바른관계를 회복할 수 있
음을 설명합니다. 대체로 로마서에서는 인간의 죄, 그리스도
의 은총으로 얻은 칭의, 그리고 성도가 죽기까지 이루는 성
화에 대하여 뼈대를 이루고 있습니다.

바울은 로마서를 A.D.57년경 고린도에서 기록했습니다.
바울이 3차 전도여행을 마친 전, 후 시기입니다. 바울은 이
교리서를 로마교회와 성도들을 향해 기록했는데 로마교회
설립에 대해서는 어떻게 세워졌는지 불분명합니다.단, 바울
이 그곳에 가서 교회를 세웠을 것은 믿을 수 없습니다.

이 교리서의 핵심은 "이신칭의"입니다. 곧, 믿음으로 의롭
다 함을 얻는다는 것입니다. 이는 바울신학을 이해할 수 있
는 중심개념이라 말합니다. 이 교리서를 통한 종교 개혁자들
은 당시 거대한 세력이었던 로마가톨릭 교회와 대항하였으
며 지금까지 개혁신학과 개혁신앙에 토대를 이룬 것입니다.

오늘날. 보수신학과 신앙이 도전받고 도외시당하고 있습니다. 신비주의 자유신학, 이단 교주들이 난무하고 성도들을 미혹합니다. 큰 우려입니다. 로마서는 어느 시대든지 개혁신학, 개혁신앙을 보존하고 계승시켜왔습니다.

이 요약 강해서는 화양동교회 새벽제단에서 5~7분 설교한 내용을 원고를 기초로 집필하였습니다. 함께 새벽제단을 지키시며 기도의 불을 붙여 기도해주신 성도님들께 감사드립니다.

화양동서재에서

황원찬

# 차례

# 복음에 부르심

## 롬 1:1-7

바울은 지금까지 가본적이 없는 로마교회와 성도들에게 하나님의 "은혜와 평강"을 기원합니다. 이는 로마에 대한 특별한 선교의 소명이 있었고 그래서 로마교회에 은혜와 평강을 인사합니다. 이와같은 기원과 인사는 바울이 동일하게 서신 서문에 쓰는 형식입니다. 그러면서 자신의 사도성을 강조합니다.

먼저 바울은 자신은 그리스도의 종이라, 사도라 선언하며 자신은 복음을 위해 택한바 되었다고 사도성에 신적 기원성을 말합니다.

종은 헬라어 단어 "둘로스"로 주인에게 복종하는 '노예'라는 뜻입니다.

바울에게는 언제나 사도정의 시비가 있었으나 바울은 단호히 복음위하여 주님의 종된 자 라는 소명감으로 충만합니다.

복음의 종, 그 핵심은 주님의 죽으심과 부활로 통한 믿는 자들에게 구원을 주시는 하나님의 능력입니다.

이를 위해 택함을 받은 주님의 종임을 밝힙니다.


복음(예수그리스도)의 내용은 다음과 같습니다.

## 1. 성경의 약속이 성취된 것입니다.


2절 "그의 아들에 관하여 성경에 미리 약속하신 것이라"

이미, 복음은 오래전 선지자들로 통하여 예언하신 것이라 합니다.

이는 성경을 성취한 것입니다.

하나님은 선지자들을 메시야의 오심을 전달하는 중재자들로 사용하십니다.

"선지자"는 헬라어 단어로 "프로페데스"로 '하나님의 영감을 받아 미래를 에언하는 예언자'라는 뜻입니다.

이에 바울은 선지자들이 예언한 예수님을 위해 택함받은 자, "사도"라 합니다.

## 2. 다윗의 혈통에서 오신 것입니다.


3절 "다윗의 혈통에서 나셨고"

다윗의 혈통에서라는 의미는 무엇입니까?

마태복음 1:1 "아브라함과 다윗의 자손 예수 그리스도의 계보라"에서 신학적 의미를 찾을 수 있습니다.

이미 마태는 혈통과 족보를 중요시했던 유대인들에게 주님은 진정 참 이스라엘이시며 다윗의 가문에서 오실 메시야이심을 확신시키었습니다.

이는 하나님의 언약이 오랫동안 지연되기는 했지만 결국은 아브라함에게 약속된 언약과 다윗에게 약속된 언약에서 예수그리스도가 오신 것을 보여주고 있습니다. 즉 메시야는 다윗의 계보에서 나신다는 사상은 유대인들이 자명한 사상으로 받아들여졌고 로마교회 성도들에게도 주님은 메시야임을 입증합니다.

## 3. 부활하신 하나님의 아들이십니다.

4절 "부활하사 ‥하나님의 아들로 선포되었으니‥"

예수님이 그리스도이심은 죽은지 3일만에 다시 사심입니다. 그리스도는 메시야로서의 사역을 완성을 위해 죽은 자로부터 다시 살아나서 하나님의 아들이 되심을 증거함입니다.

이는 성도들의 부활사건과 친밀한 관계를 맺고 있음을 믿고 있습니다.

여기서 "인정됨"은 헬라어 "호리스멘토스"로 '확정되었으니'의 뜻입니다.

이 말은 주님께서 부활하시기 전까지 하나님의 아들이 아니었다는 말이 아니다. 부활하심으로 아들의 직위와 영광이 밝혀졌다는 증거입니다.

오늘날 우리가 믿는 제일 중요한 고백이 되어집니다.

사도의 신조는 교회의 신앙고백서입니다.

"죽은지 3일만에 다시 사시어‥ 영원히 사는 것을 믿사옵나이다" 이와같이 사도신경이 채택된 것은 여러차례 교회 회의를 통하여 A.D.325년 니케아회의, 381년의 콘스탄티노풀회의, 431년 에베소회의, 451년 칼케톤회의를 통해 오늘날까지 보존되고 계승된 것입니다.

이 신앙교리는 수세기 이단으로부터 교회를 지켜왔고 기독교신앙을 유지해온 근본적 이정표를 제시한 것입니다.

# 사도의 심정

## 롬 1:8-13

바울은 로마교회 성도들을 향한 애틋한 심정을 갖습니다. 이는 자녀를 향한 유모의 마음이며 양떼를 향하는 목자의 심정이라고 볼 수 있는 것입니다. 바울의 목회관은 진정하고 희생적인 사상이 내면에 흐르로 있습니다. 마치 주님이 요 10:11 "나는 선한 목자라 선한 목자는 양들을 위하여 목숨을 버리거니와…" 말씀하심과 같은 목자의 상입니다.

반면, 삯꾼은 그렇지 않습니다.

요 10:12 "삯꾼은 목자가 아니된 양도 제 양이 아니라 이리가 오는 것을 보면 양을 버리고 달아나나니…"

주님은 극면하게 대조해 주시는 말씀입니다. 바울은 참 목자상입니다.

바울의 성도들을 향한 심정은 무엇입니까?

## 1. 성도들을 위해 감사 기도합니다.

8절 "…너희 모든 사람에 관하여 내 하나님께 감사함은…"

바울은 로마교회 소식을 들었을 때 성도들의 믿음이 든든하여 복음이 세상에 전파됨입니다.

바울은 서신서를 통하여 보듯이 서두에 감사, 찬양하는데 이는 바울의 서신중 갈라디아서를 제외한 모든 서신에 등장합니다.

갈라디아서는 성도들이 방종하고 이단의 무리에게 넘어간 것을 책망하는 의미에서 감사내용을 생략했으나 로마교회 성도들은 한번도 만난적이 없으나 성도들의 신앙으로 인해 감사 기도 합니다. 이는 로마교회의 신앙이 내면적인 고백에 머물러있지않고 전 삶에 영역에서 실천적이며 복음의 열매를 맺고 있는 기쁨입니다.

바울과 같은 전도자에게 복음이 널리 전파하는데 최대한에 감사인 것입니다.

## 2. 은사를 나누어 주기를 원합니다.

11절 "내가 너희 보기를 간절히 원하는 것은 어떤 신령한 은사를 너희에게 나누어 주어…"

은사는 헬라어 "카리스마타"로 "선물" "재능"입니다. 바울 서신에 16회 나오면 성령을 통하여 주시는 은혜의 사도시대에 은사는 대체로 이적적 은사와 보편적 은사로 로마교회에 주어진 신령한 직무들입니다.

오늘날도 교회사역을 위해 다양하게 은사를 배분한 것도 성령이 주신 것입니다.

성령의 은사는 어떤 특정인에게만 국한된 것이 아니며 주님을 섬기는 일에 성령이 분배하여 주신 것입니다. 바울은 이러한 은사가 교회에 견고히 나누어주기를 원하였습니다.

## 3. 열매를 맺기를 원하였습니다.

13절 "열매를 맺게 하려 함이로다"

열매는 무엇을 의미합니까? 좁은 의미에서 열매는 이방인에게 복음을 전파하여 더 많은 사람들이 구원받는 것에 대한 사도의 간절한 심정입니다.

그렇습니다. 바울은 고전 9:22 "내가 여러 사람에게 여러 모습이 된 것은 아무쪼록 몇 사람이라도 구원하고자 함이라" 이러한 심정은 모든 목회자와 성도들에게도 동일한 마음인 것입니다.

또한, 넓은 의미에서는 성도의 영적 성숙입니다. 바울은 무엇보다도 로마교회 성도들이 내적 성령의 열매로 성숙한 그리스도인들이 되어지기를 간절히 바라는 것입니다.

바울은 갈라디아교회 성도들에게도 갈라디아서 5:22 "오직 성령의 열매는 사랑과 희락 화평과 오래참음과 자비와 양선과 충성과 온유와 절제니…"

주님은 거짓 선지자, 적그리스도의 분별은 열매도 알 수 있다고 했습니다. 신령한 열매일수록 도덕성, 인격성, 윤리성이 요구됩니다.

오늘날 거짓교사, 이단 교주 등에 미혹되는 경우가 많습니다. 주님은 마태복음 7:20 "…그 열매로 그들을 알리라"고 했습니다.

# 무신론 인생

## 롬 1:18-23

바울은 타락한 인생에 대한 부패성의 실상을 선언합니다. 그들은 하나님을 부인하는 무신론 인생입니다.

무신론의 사상은 독일철학자 니체의 사상입니다. 그는 목사의 장남으로 출생하였지만 20세 본 대학에 입학하여 고전문헌학에 영향을 받았습니다. 그는 "신이 죽었다" 하고 기독교의 이상과 가치는 없다고 주장하는 것이 공산주의 유물론에 원리가 된 것입니다.

그러나, 인간은 하나님을 부정하고 살 수 없습니다. 왜냐하면 인간은 나면서부터 영원을 사모하는 마음 "신인식"을 갖고 있는 영적, 도덕적 존재이기 때문입니다.

무신론 인생은 하나님을 외면합니다.

19절 "하나님을 알 만한 것이 그들 속에 보임이라"

하나님을 알만한 것은 하나님에 대한 계시가 이미 만물속에 자연스럽게 나타나 함축되어 있다는 것입니다.

이른 자연계시라 합니다. 그러나, 이미 타락한 인간의 부패된 마음으로는 하나님을 찬양할 수도 없고 신앙을 가질 수 없는 것입니다.

주 하나님께서 정하신 뜻대로 이 벌레같은 인생을 은혜로 택하여 주셨기 때문에 구원받은 자 되었고 하나님을 경외하는 신앙을 갖게된 것입니다.

그러므로, 인간의 자연적 마음으로는 하나님을 찾을 수도 없고 알 수도 없다는 것입니다.

## 1. 하나님을 영화롭게도 하지 않습니다.

21절 "하나님을 영화롭게도 아니하며…" 웨스트민스터 대교리문답 1문에 사람이 제일되는 목적이 무엇입니까? 질문에 "하나님을 영화롭게 하며 영원토록 즐거워하는 것"이라 했습니다.

그러나 모든 인류의 대표였던 아담이 하나님의 언약인 선악을 알게 하는 나무의 열매를 먹지 말라고 하신 것을 어기는 죄를 범하여 자연 만물과 이성으로는 하나님에 대하여 전혀 알지 못한 것입니다. 타락한 인간은 성령의 거듭남을 통한 마음에 감화를 해주셔야만 비로소 하나님을 알 수 있게 됩니다. 오로지 하나님을 향하는 새마음은 성령께서 주시는

일이며 부패한 죄성을 깨닫게 되어 회개하며 하나님을 경배
하게 됩니다.

## 2. 우상을 경배합니다.

23절 "새와 짐승과 기어다니는 동물 모양의 우상으로 바
꾸었느니라"

사람이나 모든 만물은 그 창조의 목적이 하나님의 영광을
나타내는 것입니다.

때문에 모든 피조물 자체가 하나님 영광을 드러내야 하며
더욱이 인격체로 지음받는 사람은 하나님을 찬양할 본분이
있습니다. 그러나 타락한 인생은 하나님을 떠나 우상에게 숭
배하는 것입니다.

우상은 하나님이 싫어하는 죄입니다.

이사야 44:9 "우상을 만드는 자는 다 허망하도다 그들이
원하는 것들은 무익한 것이거늘… 수치를 당하리라"

히브리 역사 가운데 돌(레 26:1), 금(시 40:18-20), 은(렘
10:9), 나무(합 2:18-20) 등으로 우상을 새겨 만들었습니다.

그러나 하나님은 우상을 금지시켰습니다.

출애굽기 20:4 "너를 위하여 새긴 우상을 만들지 말고…"

우상은 인간의 이기심과 잘못된 종교성이 결탁되어 산출

해낸 인위적 산물로 비인격적 숭배의 대상을 스스로 만든 것입니다.

타락한 인간은 눈에 보이는 가시적인 형상을 만들어 즐겼는데 인간은 그것을 구복의 대상으로 삼고자 한 헛된 욕망에서 비롯된 것이라 할 수 있는 것입니다.

타락된 인생은 스스로 만든 우상에 미혹되어 더욱 하나님과 원수가 되고 있습니다.

오늘날, 돈, 취미, 오락, 이성, 지식, 직업 등을 절대화 시키는 것도 하나님을 우선시 못하는 일로 우상이라 할 수 있습니다.

바울은 로마서 12:2에서 "너희는 이 세대를 본받지 말고 오직 마음을 새롭게 함으로 변화를 받아 하나님의 선하시고 기뻐하시고 온전하신 뜻이 무엇인지 분별하도록 하라"고 했습니다.

# 하나님이 싫어하는 죄

## 롬 2:1-11

바울은 2장에 들어서면서 복음 외에는 어떠한 "의"가 없음을 밝히며 당시 종교 지도자들이 그릇된 특권의식과 편견을 지적하고 종교적, 도덕적 탈선을 동시에 지적합니다. 이러한 외식과 교만의 문제는 유대인들 뿐 아니라 일부의 종교지도자들에게도 동일합니다.

그들의 외식적인 죄들은 무엇입니까?

### 1. 위선적인 죄입니다.

1절 "남을 판단하는 사람아… 네가 너를 정죄함이니 판단하는 네가 같은 일을 행함이니라"

물론, 잘못된 영과 거짓, 또한 죄악은 분별하고 경계해야 합니다.

바울은 위선적인 죄를 지적합니다. 남을 가르치고 선도하기 위해서는 자기모순이 없어야 합니다.

그러나, 율법을 가르치는 선생이 율법을 거스리는 행위를 하면서 남을 판단하고 정죄하는 것은 모순이며 위선입니다.

바울은 이점을 지적합니다. 곧, 마귀의 특성입니다.

마귀는 헬라어로 "디아볼로스" 단어로 '비난자, 훼방자'라는 뜻입니다.

곧, 사단을 가리킵니다(욥 1:6-12).

구약에서 욥은 동방의 의인이며 경건한 자였습니다. 그러나 사단이 비난하고 참소하여 큰 시련이 온 것입니다.

그러나, 복음은 기쁜 소식이요 축복입니다. 살리는 일이요 용서와 사랑입니다. 치유입니다.

## 2. 회개치 않는 마음입니다.

5절 "다만 네 고집과 회개하지 아니한 마음을 따라…"

인간이 갖고 있는 완고함이나 회개치 않는 마음은 하나님의 인자하심과 상반된 대조를 보입니다.

회개는 헬라어 "메타노이안"으로 이는 '하나님의 권고에도 개조되거나 변화되지 않는 마음'이라는 뜻입니다.

반항적 의미를 내포합니다.

하나님이 싫어하시는 교만 죄입니다.

고집입니다. 고집의 헬라어 "스콜레로데타"로 '완악, 완고, 잔인'의 뜻이며 딱딱하게 굳어버린 상태를 의미 합니다.

기독신앙의 최대 미덕은 "회개"입니다.

평생 회개생활은 은혜요 성령의 교통하심입니다.

점진적 회개는 주님의 형상을 본받는 성화적 생활을 이루게 합니다.

## 3. 당을 지어 거스르는 죄입니다.

8절 "오직 당을 지어 진리를 따르지 아니하고…"

당을 짓는다는 것은 자기편을 만들어 대항하는 세력입니다. 교회조직 안에 또 하나의 조직입니다.

"당을 지어"는 헬라어 "에리스"로 '다툼, 논쟁하는 자'의 뜻입니다. 이러한 세력은 진리로(믿음으로) 자신을 다스리지 아니하고 자신들의 힘과 조직의 힘을 과시하며 이기적 모임의 집단입니다.

결국, 불의를 따르는 자로 나타나며 이기적 욕망을 따라 논쟁에 가담하는 자로 이해할 수 있습니다. 이러한 모습은 예수님 당사에도 유대인 사이에서도 나타난 공통된 특징이 있습니다.

# 외식하는 인생

## 롬 2:17-24

바울은 성령이 없는 자, 복음의 은혜가 없는 종교지도자들, 유대인들의 허망한 종교성을 지적합니다. 율법에는 능통하고 있다 할지라도 율법대로 살지 못하는 자를 "외식"하는 자들이라고 합니다.

"외식"의 헬라어는 "휘포크리타이"로 가면을 쓰고 무대에 나와 연극하는 자들이라 뜻입니다. 역시 위선자라도 번역됩니다.

바울의 지적은 무엇입니까?

## 1. 맹인의 길을 이끄는 소경이라 합니다.

19절 "맹인의 길을 인도하는 자요…"
소경과 어두움에 있는 자는 동일한 자이며 영적으로나 도덕적으로 눈이 먼 상태에 있다는 것은 어두움에 헤매는 것이라 볼 수 있습니다. 여기서도 바울은 역시 중복 어법을 사용하여 자신이 전하고자 하는 메시지 내용을 강조합니다.

당시 유대지도자들은 토라를 자기의 등불이라 생각했지만 실상 자기들은 토라대로 살지 못하고 토라를 자기들의 특권으로 자랑만한 것입니다.

주님도 마태복음 15:14 "맹인이 되어 맹인을 인도하는 자로다 만일 맹인이 맹인을 인도하면 둘이 다 구덩이에 빠지리라" 외식의 위험성을 경고했습니다.

## 2. 율법을 가르치나 자신은 지키지 않는 자입니다.

22절 "간음하지 말라 말하는 네가 간음하느냐… 신전 물건을 도둑질하느냐"

"간음"은 헬라어 "모이큐오"로 '영적 간음, 우상숭배'를 뜻합니다. 이는 아무리 율법을 종교적 원리, 사회 규범으로 삼고 가르치나 인간 내면의 부패성은 여전함을 보여줍니다.

또한, 신전의 물건도 도덕질 합니다.

외식하는 자들은 십계명에 따라 우상을 가증스럽게 여긴다 하나 그럼에도 불구하고 우상에 받쳐진 제물을 탐내어 도적질 한 것입니다. 이는 우상숭배 이상의 죄악입니다. 신명기에 보면 우상에게 입힌 은이나 금을 탐내지 말라고 합니다.

신명기 7:25 "너는 그들이 조각한 신상들을 불사르고 그것에 입힌 은이나 금을 탐내지 말며 취하지 말라 네가 그것으로 말미암아 올무에 걸릴까 하노니" 이는 도적질 말라고 가르치면서 실제로 도적질하는 것은 더 큰 죄악으로 치부되는 위선이 됩니다.

## 3. 하나님의 영광을 가리웁니다.

24절 "하나님의 이름이 너희 때문에 이방인 중에서 모독을 받는도다"

곧, 하나님의 영광을 가리우는 일입니다. 당시 이방인들은 유대 종교지도자들을 마치 하나님과 동일한 인격을 소유한 거룩한 사람들로 본 것입니다. 그것은 옛날 목사님들은 화장실도 안가는 것처럼 생각하는 것과 같은 순진한 생각입니다.

그러나, 유대 지도자들은 자신을 포장했고 지나친 자랑에 사람들은 위대한 줄로 속은 것입니다.

이는 범죄입니다. 나중에 거짓이 드러나면 오히려 하나님의 이름이 모독당하는 신성모독이 되는 것입니다.

# 죄 아래 있는 인생(선언)

## 로마서 3:9-18

바울은 지금까지 살펴 보았듯이 고상한 유대 종교자들도 외식, 위선으로 가증한 자들이라 지적합니다. 이는 해아래 있는 모든 인생은 다 죄 아래 있다는 것을 선언합니다.

바울의 선언은 다음과 같습니다.

### 1. 의인은 없다고 선언합니다.

10절 "의인은 없나니 하나도 없으며"

인간은 본래 도덕적으로 불완전할 뿐 아니라 결국 죄에 오염된 인류는 본질적으로 "선"이나 "의"에 대해 거리가 먼 것입니다. 그래서, 바울은 "의인은 하나"도 없다고 죄에 보편성 선언 합니다.

하나님의 본성에서 떠난 인간은 누구든지 도덕적 규범으로 의인이 될 수 없다는 것입니다.

유대 묵시문학 속에서 죄의 보편성을 강조합니다. "곧, 하나님만 의로우시다"입니다. 그렇다고 해서 바울의 주장이 묵시문학의 영향을 받은 것이라고는 볼 수 없습니다.

바울은 주님을 만난 이후에는 십자가의 구속의 은혜 외에는 모든 것을 배설물로 여겼습니다.

## 2. 선을 행하는 자도 없습니다.

12절 "선을 행하는 자는 없나니 하나도 없도다"

바울은 의인도 하나도 없다고 하며, 선을 행하는 자도 하나도 없다고 절망적 선언을 합니다. 곧, 인생은 모두가 죄아래 있기 때문입니다. 인간의 윤리적 행위, 수련, 수양으로 내면에 부패한 죄성을 버릴 수 없는 것임을 바울은 지적합니다. 죄로 부패한 인간의 내면은 끔찍합니다.

13-15절에서 인간의 내면의 죄성을 배열합니다.

### ① 목구멍

열린 무덤 팔레스타인에 무덤은 사람이 서서 드나들 수 있을만큼 큰 돌로 되어 있으며 그 입구는 돌로 막게 된 것입니다. 이 비유는 인간은 입을 통해서 온갖 더러운 것을 토해내

며 그로 인해 많은 사람의 영혼을 죽일 수 있음의 무절제를
설명합니다.


### ② 혀 – 속임

곧, 거짓의 혀입니다. 뱀이 하와를 속인 것처럼 사기를 친
것입니다. 분명한 것은 거짓의 아비는 "마귀"입니다. 거짓
에 대해서 요한복음 8:44 "너희는 너희 아비 마귀에게서 났
으니… 이는 그가 거짓말쟁이요 거짓의 아비가 되었음이라"

사단은 사악한 존재입니다. 하나님이 사단을 지은 것이 아
니라 천사를 지으셨는데 천사장 하나가 교만하여 타락하였
고 추방되었는데 이것이 사단이 된 것입니다. 주님은 유대인
종교 지도자들을 사단의 자식이라고 했습니다.

사단은 살인한 자요 최초 인류의 살인자로 가인을 이용했
습니다. 또한, 사단은 인류의 최초 조상 아담을 속여 타락하
게 만든 장본인입니다. 이는 다 사단의 역사입니다. 오늘날도
사단(마귀)은 거짓으로 하나님과 사람에 대해서 이간질로 충
동시킵니다. 믿지못하게 합니다(불신). 마침내 속임수로 신
앙을 잃고 타락하게 만듭니다.


### ③ 입술 – 독사의 독

타락한 인간의 입은 하나님을 찬양하고 사람에게 축복할

수 없습니다. 왜? 독사의 독입니까? 독사는 사람의 발꿈치를 무는데 그 독성이 사람의 생명까지 잃게 할 수 있습니다.

마찬가지로 타락한 인간의 입에서 나오는 말은 저주, 악독, 거짓 증언, 비방, 비난, 욕설로 난무합니다. 그로 인해 명예가 실추되고 재산을 잃게 되고 생명까지 잃게 됩니다.

### ④ 발 - 피흘리는데 달음질

악한 일을 도모하는 데는 민첩하고 신속합니다.

곧, 악인의 길입니다. 그러나, 성도는 악인의 길에 서지 아니하고 그러한 자리에 앉지도 않습니다.

의인 길은 주의 전을 사모하고 주앞에 나아가는 걸음입니다. 그 길을 하나님께서 인정하시고 기뻐하십니다.

## 3. 하나님을 두려워하지 않습니다.

18절 "그들의 눈 앞에 하나님을 두려워함이 없느니라"

타락한 인생의 본질적인 문제는 하나님이 없는 자들입니다. 이는 가장 어리석은 인생입니다. 종교개혁자 칼빈은 하나님에 대한 경외심은 사악함을 견제하는 굴레 임으로 그 경외심이 사라질 때 온갖 종류의 방탕한 생활에 거침이 없게 됩니다.

# 의로움(칭의)

## 로마서 3:20-28

타락한 인생에게 구원의 기회는 무엇인가?를 고민하게 됩니다. 그것은 율법입니다. 하나님은 시내산에서 모세에게 율법을 주셨습니다. 율법은 헬라어 "노모스"로 '나누다, 분리시키다'의 뜻으로 하나님 백성이 세상에서 거룩히 구별하여 살기 위해 하나님이 친히 세우신 법입니다.

크게 율법은 십계명, 제사법, 절기법, 민법, 사회법, 성막법이 있습니다. 총 613 조항으로 하지 말아야할 조항 365, 해야할 조항 248 조항입니다.

그러나, 율법의 성격은 다음과 같습니다.

### 1. 죄를 깨닫게 합니다.

20절 "율법으로는 죄를 깨달음이니라"

바울은 율법의 기능을 설명합니다. 율법은 행하여 의롭게 되라고 주신 것은 아닙니다. 율법을 행함으로 의롭다 함을 얻거나 구원받을 수는 아무도 없습니다.

그 누구도 율법을 지킬 수 없기 때문입니다. 주님도 이 점을 인정합니다.

요한복음 7:19 "모세가 너희에게 율법을 주지 아니하였느냐 너희 중에 율법을 지키는 자가 없도다"

결코, 죄로 부패한 인생은 율법을 다 지킬 수 없는 전적으로 타락한 인생입니다. 그러면 제대로 지킬 수 없는 율법은 무엇 때문에 주신 것일까? 그것은 인간에게 죄를 깨닫게 하기 위함입니다.

왜냐하면 인간은 율법이 주어지기 까지는 죄를 죄로 알지 못하기 때문입니다. 율법을 받은 인생은 그제서야 자신의 죄를 깨닫고 두려워 하며 탄식하게 된 것입니다.

## 2. 모든 사람이 죄를 범하였음을 선언합니다.

23절 "모든 사람이 죄를 범하였으매 하나님의 영광에 이르지 못하더니"

아담의 범죄 이후 모든 인류의 후손들도 동일한 범죄로 죄가 유전된 것입니다. 그래서, 바울은 모든 사람이 "죄"를 범하였다는 것입니다. 이로 인해 죄 범한 인생은 하나님께 영광을 돌릴수 없게 된 것입니다.

인생은 하나님의 형상으로  지음 받았을 때 그 모습이 "심히" 좋으셨습니다(창 1:31).

이는 하나님의 창조 사역을 마무리 하시면서 지금까지 반복된 감탄보다 더 한층 고조된 것으로 성취된 것으로 보여진 것입니다. 그러나 범죄한 인생은 누구든지 먹든지 마시든지 하나님께 영광을 돌릴 수 없는 것입니다.

또한, "하나님의 영광은 그리스도인들에게"서도 전반적인 삶에 목적이 됩니다. 그것이 먹든지, 마시든지 결국은 하나님 영광을 위해 헌신하며 사는 것입니다.

결국 주님안에서 변화되지 못한 옛 성품, 옛 자아로서는 하나님의 영광을 나타낼 수 없고 참여할 수 없다는 것입니다.

## 3. 믿음으로만 의롭다 함을 얻음을 증거합니다.

28절 "그러므로 사람이 의롭다 하심을 얻는 것은 율법의 행위에 있지 않고 믿음으로 되는 줄 우리가 인정하노라"

"칭의" 선언입니다. 곧, 사람이 "의롭다"함을 얻는 것은 주 예수 그리스도를 하나님의 아들로 영접할 때 구속의 은총으로 되어짐을 바울은 선언합니다.

바울은 "의"를 "구원"과 항상 "연관지어" 설명합니다. 즉 "의"는 "구원"의 조건이 되며 구원은 의롭게 됨으로 가능한 것입니다. 로마서 성경은 오직 믿음으로 하나님의 "의"가 사람에게 전가된다고 합니다.

하나님의 "의"는 하나님의 거룩한 속성이며 "의"는 조직신학적으로는 공유적 속성으로 하나님의 속성을 인간이 가지고 있는 속성을 뜻합니다.

그렇다면 왜 사람은 하나님의 "의"를 전가 받아야 구원받은 백성이 될 수 있는가? 그것은 언약의 관계로 설명이 됩니다.

이스라엘 백성은 언약 백성으로 제사제도에 구체화 되었고 피의 제사로 계시받은 것입니다. 이와같이 복음의 "의"도 주님의 언약적인 죽음에 의해 성취 되었으며 주님을 믿는 자들에도 동일한 "의"로 적응되는 것입니다.

곧, "의인은 믿음으로 말미암아 살리라"의 로마서 총 주제의 말씀이 "칭의", "의롭게" 됨을 바울은 선언합니다.

# 믿음의 조상(예증)

## 로마서 4:1-8

    바울은 칭의에 대한 구약의 예증을 설명합니다. 믿음으로 의롭게 된다는 것은 교리의 핵심적인 내용으로 실제적으로 아브라함의 삶을 통하여 증명하고 있습니다. 복음속에 나타난 "의" 계시는 신약 시대만이 가지는 특이한 사건이 아닙니다.

    이미 성경에 나타난 하나님의 구원과 방법의 통일성은 구약에서도 나타났던 것입니다.

    바울은 아브라함의 모본을 제시하며 모든 사람이 의롭다 함을 받을 수 있는 개관적인 모범, 또는 칭의의 근본적인 원리를 예증해 보여줍니다.

### 1. 행위로써 의롭다 함을 얻지못함 입니다.

2절 "만일 아브라함이 행위로써 의롭다 하심을 받았으면 자랑할 것이 있으려니와…"

예전이나 오늘날도 유대인들이나 그 외 이스람교도들까지도 아브라함은 의로운 조상으로 인정합니다.

유대교 랍비 문헌에 아브라함은 3세부터 하나님을 섬겼으며 할례, 율법을 수행함으로써 의롭다 함을 받았다고 기록되었습니다.

그러나, 아브라함은 행위로써 의로움, 칭의를 얻은 것이 아닙니다.

물론, 아브라함은 100세에 얻은 이삭을 번제로 드리려고 했으나 이 역시 그의 믿음에서 비롯한 결과인 것입니다. 바울은 아브라함은 결코 행위로써 의로움 칭의를 얻은 것이 아니라고 합니다.

## 2. 믿음으로 의롭다(칭의)함을 얻었습니다.

3절 "성경이 무엇을 말하느냐 아브라함이 하나님을 믿으매…"

바울은 구약성경을 인용합니다.

창세기 15:6 "아브람이 여호와를 믿으니…"

하나님이 주권적인 약속을 이룰 수 있음에 대한 믿음이며 이로 인해 하나님의 은혜로 값없이 주어진 것입니다.

원래, 아브라함은 자녀가 무자했습니다.

그래서, 창세기 15:2 "나의 상속자는 이 다메섹 사람 엘리에셀"이라 한 것입니다.

고대 근동에서는 무자한 부부가 재산상속 조건으로 노년의 부양과 사후의 장례를 책임질 양자를 입양하던 관습이 있었고 아브라함은 자신의 집에서 태어나 자란 엘리에셀을 후사로 추천한 것입니다.

그러나, 하나님은 양자이든 서자이든 안되고 오로지 아브라함 몸에서 태어난 자가 후사라 말씀 주심을 확신하고 믿은 것입니다.

이미, 후사를 기대하는 것을 단념한 아브라함이지만 오직 하나님의 말씀이 전지전능한 능력임을 의지하고 믿은 것입니다.

## 3. 의롭다(칭의)함을 얻는 것은 하나님 은혜입니다.

5절 "일을 아니할지라도 경건하지 아니한 자를 의롭다 하시는 이를 믿는 자에게는…"

바울은 생활적 비유를 통해 하나님 은혜를 설명합니다.

만일 일꾼이 하루해 일하고 품삯을 받는 것은 당연한 권리로 은혜가 아니라는 것입니다.

만약 일을 안했음에도 주인이 삯을 준다면 은혜, 선물입니다.

"의롭다"함을 얻는 것은 전적 하나님 은혜입니다.

곧, 주님이 나 위하여 물과 피를 흘리신 속죄의 은혜, 곧, 구속 은혜를 믿는 것은 값없이 받은 주님의 은혜입니다.

바울은 에베소서 2:8~9절에서 "너희는 그 은혜에 의하여 믿음으로 말미암아 구원을 받았으니 이것은 너희에게서 난 것이 아니요 하나님의 선물이라", "행위에서 난 것이 아니니 이는 누구든지 자랑하지 못하게 함이라"고 했습니다.

# 아브라함의 믿음

## 로마서 4:18-23

바울은 믿음의 조상 아브라함의 신앙을 모본적인 예를 듭니다. 어떻게 믿음의 조상이 되었는가입니다.

아브라함도 행위에 공로가 있어서가 아니라 그도 역시 하나님의 은혜로 택한바 믿음 사람이 되었음을 증거합니다.

즉, 아브라함의 "칭의"도 하나님 목전에서 사람의 공적과 행위는 아무런 효력이 없다는 것입니다.

아브라함도 하나님의 은혜로 인한 믿음으로 "칭의"가 이루어진 것입니다.

아브라함의 믿음은 다음과 같습니다.

## 1. 바랄 수 없는 중에 바라는 믿음입니다.

18절 "아브라함이 바랄 수 없는 중에 바라고 믿었으니…"

이는 아브라함은 인간적인 차원에서 자기 아내 사라가 잉태할 수 없는 것을 잘 알고 있었고 그래서, 자기의 상속자는 자기 집의 종 엘리에셀로 마음에 결정한 것입니다.

그러나, 하나님께서 "네 몸에서 날 자가 네 후사라…" 하심에 그는 인간적인 불가능도 하나님 말씀에는 대저 능치 못함이 없다는 믿음을 가진 것입니다. 그리고, 하나님께서는 밤하늘 별들을 아브라함에게 보게 하시고 "네 자손이 이와 같으리라"(창 15:5) 하신 말씀을 그는 믿은 것입니다.

곧, 바랄 수 없는 것을 바라게 하시는 하나님 이십니다. 오늘날도 기독교의 신앙은 전혀 불가능한 것을 가능케 하시는 것을 믿고 바라는 것이며 보다 더 근본적인 것은 하나님의 전능성과 목적의 완전성, 곧 약속의 신실성을 믿는 것입니다.

## 2. 믿음이 약하여지지 않음입니다.

19절 "사라의 태가 죽은 것 같음을 알고도 믿음이 약하여지지 아니하고…"

사실, 사라도 자신의 태에 문이 닫혀 후사에 대한 기대를 하지 않았고 천사가 후사가 있을 것이라 전언할 때 웃었습니다.

그것은 사라에게는 생식능력이 이미 없어졌기 때문입니다.

그러나, 아브라함은 오늘날, 의학적, 과학적인 것을 생각을 하지 아니하고 4:17처럼 "하나님은 죽은 자를 살리시며 없는 것을 있는 것으로 부르시는…" 창조주 하나님을 믿었던 것입니다.

하나님은 무에서 유를 창조하셨습니다. 믿음이 약해지지 않았음을 오늘날 시대 사조에 따라 변화무쌍한 신앙의 흔들림에 있는 신아에 대한 소중한 교훈이 됩니다.

하나님은 오늘날도 믿는 자들에게 창조의 기적을 주십니다.

## 3. 믿음이 견고합니다.

20절 "하나님의 약속을 의심하지 않고 믿음으로 견고하여져서 하나님께 영광을 돌리며"

사실, 아브라함도 행위면에 있어 그의 생활속에서 흠결이 있습니다. 가나안땅에 거주할 때 기근이 들어 애굽땅으로 잠시 이주했습니다. 그땅에 바로가 사라의 아름다움을 누구나 신하들에게 물어볼 때 아브라함은 목숨을 보존하기 위해 아내라 하지 않고 누이라 한 것은 세상 권세자앞에 두려움을 가졌던 것이었습니다"(창 12:13) 또한, 후에 비슷한 사건이 일어났습니다. 그라렝 거류할 때 그랄왕 아비멜렉이 사라를 데리고 갔습니다.

왜냐하면, 애굽에서와 같이 목숨을 보존하기 위하여 누이라 하였던 것입니다(창 20:5). 권세자앞에 아브라함의 심성의 유약함을 보였던 것입니다.

그러나, 그가 섬기는 하나님앞에서는 그의 믿음이 견고하여지고 하나님께 영광을 돌린 것입니다.

즉, 하나님의 약속에 대해서만은 흔들리지 않고 의심하지 않는 신앙이며 자신이 약할 때마다 더욱 의지하고 바라는 이는 하나님이었습니다.

# 의롭다 함을 얻은 자들(칭의의 결과)

## 로마서 5:1-11

바울은 주예수 그리스도를 구주로 영접한 성도들은 이미 의롭다 함(칭의)을 얻은 자들이라고 설명합니다.

바울은 칭의의 결과로 성도의 삶에 수반되는 하나님의 축복을 열거합니다.

### 1. 하나님과 화평입니다.

1절 "우리가 믿음으로 의롭다 하심을 받았으니 … 하나님과 화평을 누리자"

죄는 우리 인간을 하나님과 원수되게 했습니다. 범죄후 아담은 하나님의 낯을 피하여 나무숲에 숨었습니다. 이때 하나님은 아담을 찾았습니다.

창세기 3:9 "아담을 부르시며 그에게 이르시되 네가 어디 있느냐"

아담은 창세기 3:10에 "내가 벗었으므로 두려워하여 숨었나이다"

곧, 죄는 하나님의 낯을 피하게 하고 스스로 숨는 인생이 되도록 한 것입니다.

죄는 하나님과 인생을 원수되게 했지만 주께서 십자가의 대속의 사역으로 그 담을 허시고 하나님께로 나가도록 큰 은혜를 내리신 것입니다. 구속받은 성도가 하나님과 화평을 누리는 생활은 곧, 예배입니다.

이처럼 예배는 중요한 신학적 의미(reconciliation:화해)를 갖고 있는 것입니다.

## 2. 하나님의 영광을 바랍니다.

2절 "하나님의 영광을 바라고 즐거워하느니라"

하나님의 영광은 하나님의 속성이 창조에 반영되었을뿐 아니라 창조물 자체가 하나님의 영광을 목표로 하기 때문에 피조물은 하나님 영광을 드러내야 하며 인격체를 지음받는 사람, 천사는 하나님께서 찬양, 예배를 받으시기에 마땅합니다.

범죄후 인간은 자기 욕심을 위해 사는 것이 목적이었고 그것은 타락된 인간의 모습이었지만 칭의로 변화된 성도는 구원 이후에 하나님을 경배하고 예배하는 것이 즐거움이며 본분이 된 것이라 할 수 있습니다.

## 3. 하나님의 구원을 받게 됩니다.

10절 "그의 살아나심으로 말미암아 구원을 받을 것이니라"

하나님과 죄인된 인간이 화목될 수 있는 근거는 "칭의"입니다. "칭의"가 없이는 하나님과 인간은 화목이 있을 수 없는 것입니다.

곧 의로우시고 거룩하신 하나님께서 죄의 상태에 머무르는 자에게는 진노의 채찍을 내리시나 의롭다 칭함을 받은 자에게는 하나님과 화목한 관계로 들어가도록 은혜를 내리시니 그 은혜가 한량없이 큰 것입니다.

바울은 그리스도의 죽으심과 화목에 대하여 설명하면서 주님의 부활이 죄인된 인간을 구원함이 더욱 그리스도안에서 보증됨을 확신시키고 있습니다.

이는 주님의 부활로 통해서 주를 믿는 성도들에게 부활의 생명을 얻게 하여 하나님의 자녀로 인정되어 후사, 상속자가 되는 직위를 획득하게 한 것입니다.

바울은 구원의 은총을 찬미합니다.

# 거룩함을 입은 자들(성화)

## 로마서 6:1-11

바울은 로마서 서신에 전반적으로 언급하는 기독교의 핵심 교리는 "죄"의 선언(prociamation), 의로움 칭의(justification), 거룩함, 성화(sanctification), 영화(glorification) 설명합니다.

곧, 인간의 본질적 죄인이며 주님의 대속의 공로를 믿는 자는 그 은혜로 의롭다(칭의)를 얻게 되고 구원 이후 거룩한 삶 (성화)으로 변화되어지는 성도가 됩니다. 곧, 하나님을 영화롭게 하며 경배, 예배의 삶에 평생 헌신합니다.

거룩한 성도는 다음과 같습니다.

## 1. 세례받은 자들입니다.

3절 "무릇 그리스도 예수와 합하여 세례를 받은 우리는…"

바울은 우리 성도는 죄에 대하여 죽은 자들이라 합니다.

그래서, 더 이상 죄에 거할 수 없는 거룩한 자들, 곧 성화된 자들이라는 것입니다.

그 증거는 "세례"입니다.

세례는 헬라어 "밥티스마"로 '적시다, 담근다'의 뜻입니다.

고대 염색공장에서 쓰이던 말인데 옷감에 염료를 채색하는 것이 "밥티스마"라는 어원의 뜻입니다.

이는 성도들이 주님을 구주로 영접하여 새생명, 새생활로 변화되어 과거 세상과 죄에 대하여 죽은 자로 세례를 받는 것이 영적 의미가 있습니다.

## 2. 죄에 종노릇 하지 않는 자들 입니다.

6절 "우리가 죄에게 종 노릇 하지 아니하려 함이니"

성도는 세례받음으로 죄에 대해서 죽은 자 되었고 또한 주님과 함께 죽은 자 가운데서 산 자가 되어 새생명을 얻은 자 된 거룩함을 입은 것입니다.

그러므로, 성도는 더 이상 죄에 종노릇 할 수 없는 것입니다.

바울은 사람을 두 종류로 구분하는데 옛사람과 새사람입니다.

옛사람은 영적인 죽음 아래서 신음하며 본질적으로 마음이 약하여져 죄의 종노릇 하는 사람이며 하나님을 떠난 사람이라 할 수 있습니다.

새사람을 떠난 사람이라 할 수 있습니다.

새사람은 그리스도와 함께 죽고 새생명을 소유하게 되는 세례를 통한 주님과 연합됨을 체험한 자들입니다.

구약에 이스라엘이 430년 애굽에서 종(노예)생활을 했으나 모세를 통하여 출애굽하여 홍해(세례) 건넜습니다.

바울은 고린도전서 10:2 "바다에서 세례를 받고"

즉, 홍해 체험을 "세례" 보았으며 광야로 나온 이스라엘 사람들은 이미 죄에 대하여 죽은 자로 규정된 것입니다.

그러나, 이스라엘 사람들은 광야길에서 여전히 애굽을 동경하고 애굽에서 죽는 것이 나을뻔 했다고 원망한 것은 몸은 광야에 있지만 생각과 마음은 애굽의 종이었던 것입니다.

이에 대해 바울은 그럴 수 없다고 단언합니다(롬 6:2)

## 3. 예수 그리스도안에 산 자들입니다.

11절 "예수 안에서 하나님께 대하여는 살아 있는 자로 여길지어다"

칼빈은 "성도는 그리스도와 연합하여 죄의 노예 상태에서 해방되었으므로 영적 자유를 얻었고 다시 죄의 종으로 돌아가지 않기 위하여 날마다 육체의 소욕을 제어하는 성화의 삶을 살도록 분투해야 한다고 말합니다.

옛사람은 육신적 사람이며 새사람은 영적 사람입니다.

성도는 성령으로 거듭난 영적 사람이므로 늘 마음을 새롭게 하며 변화를 받아 우리 몸을 하나님이 기뻐하시는 영적 산 제사로 드려야 합니다.

바울은 로마서 12:1에서 "형제들아 내가 하나님의 모든 자비하심으로 너희를 권하노니 너희 몸을 하나님이 기뻐하시는 거룩한 산 제사를 드리라 이는 너희가 드릴 영적 예배니라"고 했습니다.

# 혼인 비유

## 로마서 7:1-7

바울은 율법을 혼인 비유로 설명합니다.

율법은 마치 남편과 같으며 과거 남편이 살아있는 동안에는 남편에게 구속되나 복음이 온 후에는 율법에 더 이상 얽매일 수 없고 의롭다함을 인정받을 수 없음을 설명합니다.

### 1. 남편이 법으로 주관합니다.

2절 "남편 있는 여인이 그 남편 생전에는 법으로 그에게 매인 바 되나"

결혼의 규례는 어느 나라에서나 통용될 수 있는 일반적인 것이며 모든 사람은 이 법에 강제성을 받습니다. 남편 생전에 여인은 법으로 그에게 매입니다. 그러나 남편이 죽으면 여인은 남편에게 해방됩니다.

이 비유는 남편을 율법으로 설명하며 복음이 이르면 성도는 율법에서 해방되며 더 이상 얽매일 수 없다는 것입니다.

## 2. 남편의 법에서 자유를 얻을 수 있습니다.

3절 "남편이 죽으면 그 법에서 자유롭게 되나니…"

이는 그리스도의 몸이 율법에 대하여 죽임을 당하였음으로 죄와 사망의 법에서 자유를 얻게 된 것을 비유합니다.

바울은 혼인의 비유로 통해서 남편 있는 여인을 육신에 매임으로, 옛남편의 법을 율법으로, 그에게 매임을 사망의 열매로, 남편의 죽음을 율법에 대하여 죽음으로, 자유하게 됨을 구원의 은총의 열매로 설명하고 있습니다.

이는 육신의 행위로는 의로워질 수도 없고 구원에 이를 수 없으며 오직 예수 그리스도의 속죄의 은혜로 죽으심과 부활로 인한 그를 믿는 믿음으로 구원이 이루어짐을 주장합니다. 동시에 바울은 그러나 율법은 죄가 아니라 합니다.

율법의 기능은 죄를 알게 하며 그것은 거룩하고 의로우며 선하다고 합니다. 그것 역시 생명에 이르게 하는 계명이나 인간은 그 계명을 지키므로 의롭게 될 수 없도록 전적 타락, 전적 부패 되었기 때문입니다. 칼빈의 5대 강령에서 보듯 전적 타락, 무조건적 선택, 제한적 속죄, 불가항력적 은혜, 성도의 견인으로 우리의 믿음의 구체성을 설명합니다.

# 바울의 탄식

## 로마서 7:21-25

　바울에게 영적 탄식, 고민이 있습니다. 이는 바울이 밝힌 것처럼 자신에게 있는 속사람은 하나님의 법을, 겉사람은 죄의 법을 따르는 것이라 합니다.

　무엇보다도 바울은 겉사람의 죄의 법 따르는 것을 탄식합니다.

바울의 즐거움과 탄식은 무엇입니까?

## 1. 속사람은 하나님 법을 즐거워 합니다.

22절 "내 속사람으로는 하나님의 법을 즐거워하되"
여기에 속사람은? 성령으로 거듭난 심령을 뜻합니다.
변화된 실질적인 자아이며 "영"과 "혼"입니다.
곧, 주님이 내맘에 들어와 계신후 변하여 새사람된 속사람입니다.

속사람은 먹보다 더 검은 죄로 물든 마음을 주님의 물과 피로 씻어 눈보다 더 희게 된 것입니다. 그래서, 속사람은 하나님을 찬송하고 기도하며 예배합니다.

바울은 고린도전서 14:13에서 "영으로 기도하고 또 마음으로 기도하며 내가 영으로 찬송하고 또 마음으로 찬송하리라" 합니다.

이것은 하나님께 전인격으로 예배하며 또한, 우리의 지성과 감정과 의지를 가지고 예배하는 것임을 가르칩니다.

## 2. 육적인 겉사람을 따르는 것을 탄식합니다.

24절 "오호라 나는 곤고한 사람이로다 이 사망의 몸에서 누가 나를 건져내랴"

이 탄식은 아무리 성령으로 거듭나서 새마음, 새사람이 되었다 할지라도 여전히 육신의 몸을 덧입고 살기 때문에 육신의 죄성은 남아있기 때문입니다.

그래서, 바울은 이 육신의 죄성이 늘 고통이 되었고 속사람, 영혼을 거스리는 육적 쓴 뿌리가(지체) 탄식이 되었던 것입니다.

이 육신의 지체는 단순한 몸의 각 부분으로서의 의미를 지니는 것이 아니라 죄와 대항하기에 전혀 무기력하여 죄로 인해 사망의 형벌을 받을 수밖에 없는 "죄의 몸"을 가리킵니다. 죄는 연약한 육신의 지체를 통하여 역사하기에 불의의 병기로 사용됩니다.

그래서, 바울은 이 육신의 지체 때문에 탄식합니다.

"오호라 나는 곤고한 사람"이라 말합니다.

"곤고함" 헬라어 "탈라이 포로스"로 '심한 고난 겪는 사람, 비참한 사람'의 뜻입니다.

바울의 탄식은 선을 행하고자 노력하지만 항상 실패한 자신의 나약성 때문에 탄식하는 것이며 개인의 의지로서는 선을 행할 능력이 없다는 절망감을 탄식하는 바울의 심정입니다. 동시에 이러한 고백은 성숙된 성도만이 자백할 수 있는 은혜의 고백입니다.

곧, "자기 혐오", "자기 절망"은 은혜를 깊게 체험한 성도들에게 자기의 곤고함을 알아 믿음으로 구원을 위해 호소합니다.

## 3. 사망의 몸에서 주님으로 말미암아 해방을 감사합니다.

25절 "우리 주 예수 그리스도로 말미암아 하나님께 감사하리로다"

　바울은 사람몸에서 그토록 비참한 상황에서 주님이 이루신 구속의 사역이 결국 자기에게 해방을 주심을 하나님께 감사 드리게 된 것이라 합니다.

　바울은 현실적인 삶에 적용함에 있어서 자신이 겪는 갈등을 통한 주님에 대한 바울의 이해를 보여줍니다.

　바울은 비참한 현실적인 삶을 통해 여과시켜 그리스도의 구속이 가진 보다 깊은 비밀로 이끌어 가도록 전환시키는 분수령입니다.

# 그리스도안에서

## 로마서 8:1-5

바울은 두 법을 설명했습니다.

곧, 하나님의 법과 죄의 법이 투쟁관계라는 것과 이 갈등의 해결을 위해서 그리스도의 죽음과 부활의 구속의 사건이었음을 자세히 진술합니다.

그리스도안에서 성도가 얻는 유익은 무엇입니까?

### 1. 정죄함이 없습니다.

1절 "그리스도 예수 안에 있는 자에게는 결코 정죄함이 없나니"

예수안에 있는 자는 주님의 대속하심을 받아들이고 함께 동행하는 삶을 사는 자들을 뜻합니다.

곧, 주예수 그리스도를 구주로 믿는 자입니다.

"정죄"는 죄가 있다고 선언합니다(condemnation).

하나님은 세상을 정죄하지 않기 위하여 그 아들을 이 땅에 보내셨습니다.

그러므로, 주님을 구주로 영접하여야만 죄와 허물을 용서받고 주님을 믿고 그안에 거하여야만 의롭게 되고 더 이상 정죄를 당할 수 없게 됩니다.

## 2. 해방함을 받습니다.

2절 "죄와 사망의 법에서 너를 해방하였음이라"

성령은 그리스도께서 승천하신후 성도들에게 오셨습니다.

믿는 자들에게 성령 감화하게 하시고 먼저 애통하며 회개할 마음을 주십니다. 그리고 힘과 지혜, 능력을 주시고 담대한 믿음으로 새롭게 하심입니다.

성령은 그리스도안에 있는 자들에게 영원한 생명으로 보증해 주시고 떠나지 않습니다.

무엇보다도 죄와 사망의 법에서 완전히 자유를 주십니다.

이는 "정죄함이 없나니"란 표현과 일맥상통한 말과 같은 의미입니다.

## 3. 육신 일을 따르지 않습니다.

4절 "육신을 따르지 않고 그 영을 따라 행하는…"

성도는 비로구 거듭나서 새로운 피조물(고후 5:17)이 되었고 하나님을 경배하고 몸과 마음을 새롭게 함으로 예배합니다(롬 12:1).

그러나, 육신을 덧입고 사는 동안에는 타락된 부패 성인 육신의 죄성은 늘 쓴 뿌리로 남아 있습니다. 육신의 죄의 법입니다. 그러나 성도는 성령의 감동과 인도함을 받습니다.

곧, 날마다 옛사람은 죽고 성화적 변화된 삶으로 성령의 인도함 받기를 간절히 사모하는 것입니다.

바울은 모든 성도들의 영적생활에 있어 방향을 제시해 주는 것입니다.

"영으로 따라 행하는" 우리라고 합니다.

곧, 성도는 더 이상 육신을 따라 사는 자들이 아니고 오직 성령을 따라 사는 것입니다.

# 육신의 일

## 로마서 8:6-11

바울은 좀더 구체적으로 육신의 일을 배열합니다.

그만큼 육신의 일은 모든 성도에게 영적 투쟁의 상대입니다.

곧, 성도의 경건한 생활(성화)과 하나님의 영광을 위해 사는 생활에 영적 장애물이며 영적 고통이 되는 쓴 뿌리의 요소입니다.

### 1. 사망 입니다.

6절 "육신의 생각은 사망이요 영의 생각은 생명과 평안이니라"

어느 누구나 사람의 깊은 사고의 원천을 어디에 두느냐가 중요합니다. 육신의 생각은 자기 중심적 사고이며 이기적 발상입니다.

이는 하나님과 아무 상관없는 무익한 생각, 허망한 생각으로 귀결됩니다. 불신자와 무신론자들의 생각은 다 허망합니다.

시편 14:1 "어리석은 자는 그의 마음에 이르기를 하나님이 없다 하는도다 그들은 부패하고…"

로마서 1:15 "하나님을 알만한 것이 그들속에 보임이라"

곧, 하나님을 알되 영화롭게도 감사하지도 아니합니다.

그들의 생각은 "사망" 곧, '헛됨, 무익한 것'이라는 뜻입니다.

## 2. 원수가 됩니다.

7절 "육신의 생각은 하나님과 원수가 되나니"

"원수"의 뜻은 '원한맺힌 사람'이라는 것입니다.

그만큼 육신의 생각은 본질적 하나님의 생각과 다르므로 하나님의 뜻을 거역하는 것이 됩니다.

육신의 생각은 전적 부패하였기에 하나님의 법에 순종할 수 없을 뿐 아니라 할 수도 없는 것입니다.

시편 37:4 "또 여호와를 기뻐하라 그가 네 마음의 소원을 네게 이루어 주시리로다"

아담의 타락후 그의 아들 가인의 죄성은 참혹한 범죄였습니다.

동생 아벨을 죽인 것입니다. 인류의 첫 순교자 아벨입니다.

그후, 가인의 후예들은 하나님을 떠나 사는 육적인 사람들입니다. 그 후예 가운데 또 살인자 라멕이 나온 것입니다.

아담의 자손중 하나님을 경배하고 예배하게 된 것은 셋과 그의 아들 에노스 때부터입니다.

곧, 신앙적 영적 혈통이 아니면 하나님의 이름을 부를 수 없는 것입니다(창 4:26).

## 3. 그리스도의 사람이 아닙니다.

9절 "누구든지 그리스도의 영이 없으면 그리스도의 사람이 아니라"

왜? 그리스도의 사람이 아니라 합니까?

바울이 성령에 대한 견해는 즉, 성령, 하나님의 영, 그리스도의 영과 같은 등식이며 성령은 성부 하나님, 성자 예수 그리스도와 불가분 관계인 삼위일체 영입니다.

웨스트민스터 신앙고백서에 "성령은 영원한 아버지와 아들에서 나온다"고 기록되었습니다.

그래서, 오순절 이후 성령은 성도가운데 거하시면서 교통하십니다.

이로 인해 성도가 그리스도의 사람이 될 수 있는 것은 성령이 성도들을 하나님께로 인도하여 받게 하시므로 하나님의 자녀로 인쳐 주시는 것입니다. 주님을 구주로 영접한 성도는 성령이 함께 하시는 그리스도의 사람입니다.

성도의 몸은 하나님의 영, 성령이 거하시는 성전입니다(고전 6:19).

성령은 세상 끝날까지 떠나지 않습니다.

바울은 에베소서 4:30절에서 "하나님의 성령을 근심하게 하지말라 그 안에서 너희가 구원의 날까지 인치심을 받았느니라"고 했습니다.

# 성령의 일

## 로마서 8:12-17

오순절 이후 성령강림 하시고 초대교회는 큰 부흥이 일어 났습니다. 이는 주님께서 감람산에서 말씀하신 성령강림입니다.

주님은 500여성도 앞에서 "예루살렘을 떠나지 말고 내게서 들은 바 아버지께서 약속하신 것을 기다리라… 너희는 몇 날이 못되어 성령으로 세례를 받으리라 하셨느니라" 하셨습니다(행 1:4-5).

주님이 약속하신 말씀대로 오순절날 마가다락방 기도하던 120명의 제자들과 성도들에게 성령이 임하시고 성령충만한 120명의 성도들은 초대교회 역사속에 부흥의 주역이 된 것입니다.

바울 역시 성령이 하시는 일은 교회뿐 아니라 성도 각 개인에도 교통하시며 큰 변화를 주십니다.

곧, 성화적 거룩한 생활입니다.

## 1. 육신의 몸을 죽이게 하심입니다.

13절 "영으로써 몸의 행실을 죽이면 살리니"

성도는 그리스도의 영을 받아 그리스도의 사람이 되었지만 아직 온전한 성화적 몸을 이루지못한 존재입니다.

그러나, 바울은 의롭게 되거나 성화 되어진 몸이 되기 위해서 자신의 노력이나 수련으로 되는 것이 아니라는 것을 경계하며 전적 하나님의 은혜와 사랑이라고 합니다.

마귀는 부패된 인간의 육적인 죄성을 이용합니다.

아무리 구원받은 성도라 하고 믿노라 하지만 세상을 떠나가기까지 성도안에 육신의 법이 죄아래로 사로잡아 옴으로 로마서 7:24과 같이 탄식을 하게 합니다.

그러므로, 성령이 도우십니다. 오순절전 여러 제자들은 주님을 다 버리고 떠난 적이 있으나 오순절 이후에 성령받은 후에는 변화를 받아 주님의 증인들이 되었던 것입니다.

그래서, 바울은 오늘날도 성령으로서 몸의 행실을 죽이면 살것이라고 합니다. 곧, 기도뿐입니다.

기도로써 점진적 성화의 몸으로 변화 됩니다.

## 2. 하나님을 아버지라 부르게 합니다.

15절 "양자의 영을 받았으므로 우리가 아바 아버지라고 부르짖느니라"

주님은 주님의 기도(주기도문)에서 하나님을 우리 아버지라 불렀던 것입니다. 마태복음 6:9 "하늘에 계신 우리 아버지여…" 곧, 하나님을 아버지라고 그의 자녀된 성도간에 친밀한 관계임을 묘사합니다.

마태복음 6:6-15에서 주님은 하나님을 아버지라 부르심을 6번 인용했습니다(6,8,9,14,15).

바울신학의 핵심도 성도가 하나님을 부를 때 "아버지"라 호칭함은 당연한 일이며 곧 성령께서 하나님을 아버지라 부르도록 하심이라는 것입니다.

또한, 바울은 예수그리스도의 은혜로 성도가 아버지라 부르게 되었음으로 그 은혜에 대한 감사, 곧, 주님은 독생자로서 구속의 대속의 사역을 이루신 분임으로 성도는 "양자"로서 자녀됨 것이라는 표현입니다.

그만큼, 구속받은 은혜가 크고 놀라운 것입니다.

"아바"는 친밀한 용어로 어린 아기가 처음 말을 할 때 부르는 것이 "엄마, 아빠" 단어입니다.

어린아기가 세상에서 말을 배우기 전 처음 언어입니다. 바울은 이는 다 성령이 성도를 위하여 하시는 일이라 주장합니다.

성령은 성도에게 거듭나게 하시며 믿음을 주시고 회심케 하며 칭의, 성화, 영화로움을 이루게 하시며 천국가는 날까지 떠나지 않으시며 하나님의 자녀임을 끝까지 인도해 주시는 분입니다.

## 3. 하나님의 상속자로 보증하십니다.

17절 "자녀이면 또한 상속자 곧 하나님의 상속자요…"

자녀는 가족관계에 중요한 용어로 상속관계도 강조되는 용어입니다.

성도는 하나님과 가족관계로써 자녀된 자들입니다.

또한, 그리스도를 통하여 이룬 영원한 유업을 상속받은 자들로써 소망을 줍니다. 이 얼마나 영화로운 약속임을 찬송하게 합니다.

주님은 요한복음 14:2 "내 아버지 집에 거할 곳이 많도다…내가 너희를 위하여 거처를 예비하러 가노니"

미래에 구속을 약속하심입니다.

"하늘에 있는 집"입니다.

바울신학도 진정 성도의 집은 하늘에 있다.

미래의 소망이 참 약속임을 주장합니다.

고린도후서 5:1 "하늘에 있는 영원한 집이 우리에게 있는 줄 아느니라"

왜? 미래의 약속과 소망을 성도에게 줍니까?

세상에서 환난, 시련이 닥쳐도 미래의 소망속에 그 고난을 이기고 나가야 하기 때문입니다. 성도는 영원한 유업의 상속자입니다.

주님의 부활과 강림이 성도의 신앙에 중요한 동력입니다.

# 현재의 고난

## 로마서 8:18-25

　성도는 구원의 은혜로 의롭게 되어 거룩함을 입은 자 이
나 여전히 하나님의 법과 죄의 법이 성도의 몸 안에서 투쟁
을 하고 있습니다.

　그러나, 성도는 그리스도께서 죄와 사망에서 죄인은 해방
시켰다는 사실을 믿음으로 받아 "몸의 구속", "성화"를 기다
리며 현재의 고난도 견디며 이기고 나아갑니다.

　현재의 고난은 장차 영광과 비교할 수 없습니다.

## 1. 장차 영광과 비교할 수 없습니다.

　18절 "장차 우리에게 나타날 영광과 비교할 수 없도다"
　경기장을 달리는 선수는 경기중 땀이 나고 숨이 차며 호흡
이 끊어질 것 같으나 인하여 승리를 할 때 얻는 상급은 이루

말할 수 없는 기쁨이며 지금까지 뛰어오며 땀 흘리는 것과는 비교할 수 없는 영광입니다.

오늘, 우리에게도 고난은 영광이며 면류관입니다.

주님은 죽으시고 3일만에 다시 사셨습니다. 우리도 고난위 뒤편에서 다시 사신 주님을 바라보아야 합니다.

더욱이 주님은 자신이 시험을 받아 고난을 당하셨으므로 고난 받는 자들을 도우십니다(히 2:18).

## 2. 보이지 않는 소망을 얻습니다.

24절 "보이는 소망이 소망이 아니니 보는 것을 누가 바라리요"

바울은 분명히 보이는 땅에 소망을 마음에 두지 않고 있습니다. 눈에 보이는 기복적 복이 아니라 신령한 하늘의 복, 현세에 부귀영화가 아니라 내세에 하나님의 유업만을 참소망을 두고 있습니다.

그리스도인들이 부활이요, 영생인도를 고백하고 소망해야 신앙 동력이 있게 되고 세속에 물들지 않게 됩니다.

우리 성도의 소망은 무엇입니까? 우리 주 예수뿐입니다. 우리주 예수 밖에는 믿음이 없습니다. 이 주님의 반석위에 굳게 내 믿음이 서야 합니다. 바라던 천국 올라가도록 소망의 기쁨이 넘치기 소원합니다.

## 3. 인내할 수 있게 합니다.

25절 "만일 우리가 보지 못하는 것을 바라면 참음으로 기다릴지니라"

참음은 성도의 최대의 미덕입니다. "참음"은 헬라어 "휘포모넨"으로 '인내, 기다림'의 뜻입니다.

성도의 삶에는 갖은 환난과 역경이 수반됨으로 여기에는 오래 참는 인내가 요구됩니다.

성도는 보이지 않는 소망을 바라는 자들로 욥의 인내를 본받아야 합니다.

야고보서 5:11 "보라 인내하는 자를 우리가 복되다 하나니 너희가 욥의 인내를 들었고"

욥은 순식간에 당한 고난과 어려움 속에서도 신앙이 흔들림없이 오직 하나님을 향한 인내의 본분인 것입니다.

이는 어려움속에서도 오직 하나님만을 소망한 욥은 후에 갑절의 축복을 받은 사실을 통하여 모든 성도들에게도 인내하도록 권면함입니다.

하나님게서는 어떤 고난에서든지 인내하는 자를 예비된 축복으로 인도하시는 분이심을 시사합니다.

# 큰 근심

## 로마서 9:1-6

바울에게 근심이 있습니다.

그의 고민은 개인사의 문제가 아니라 율법을 먼저 받았던 이스라엘 동족들에 대한 구원이 어떻게 이루어지게 되는가 하는 문제를 교리적으로 어떻게 대답해야 하는지 당면한 문제였기 때문입니다.

그의 근심은 무엇입니까?

## 1. 형제, 친척 골육 때문입니다.

3절 "나의 형제 곧 골육의 친척을 위하여 내 자신이 저주를 받아…"

"골육의 친척"이란?

아브라함, 이삭, 야곱을 따라 났으며 언약의 백성인 이스라엘을 말합니다.

바울은 동족들을 위해 자신은 "저주"를 받을지라도 구원 받기를 바라고 있습니다. 이는 모세가 자기 백성이 금송아지 우상으로 범죄했을 때 죄를 속하기 위해 하나님 앞에서 기도 하면서 "주의 기록한 책에서 내 이름을 지워 주소서" 라고 탄 원기도를 했습니다(출 32:32).

그런데, 모세의 기도는 진정 자기를 하나님 책에서 지워달 라는 의미는 아닙니다.

자기 백성의 범죄에 대한 근심과 진정한 사랑 때문에 표현 을 한 것입니다.

바울 역시 자기 동족을 사랑하고 있음을 로마교회와 유대 인들에게 같은 심정을 보여주고 있습니다.

실제 신구약에서 나타난 저주는 "하나님과 분리"된 자들의 멸망인 것으로 구원받은 자들과는 별개입니다.

## 2. 양자된 자들 때문입니다.

4절 "그들은 이스라엘 사람이라 그들에게는 양자 됨과…"
구약에서 이스라엘 백성들은 하나님의 자녀라는 사실이 증 거됩니다.

그러나, 이 부자관계는 하나님께서 이스라엘 백성에게 어버이와 같이 경배했던 것이지 신약 시대에 있어서는 친밀한 부자관계로써 보다는 양자의 관계로써 보는 것은 그들이 복음을 영접치 않았던 것이 원인이 된 것입니다.

물론, 그들에게도 성막, 지성소, 성전 영광이 나타났고 언약들, 곧 아담의 언약(창조의 언약), 노아 언약(보존의 언약), 아브라함 언약(약속의 언약), 모세 언약(율법의 언약), 다윗의 언약(왕국의 언약), 5가지 언약이 있었습니다.

그러나, 언약의 궁극적으로는 인류 전체의 구속사로써 언약임을 이스라엘은 외면한다는 것입니다.

예배의 제도 역시 이스라엘 백성들은 주님을 통한 구속사의 의의를 망각하고 형식적인 회당예배를 유지하는데 있어 주님은 그런 형식적인 예배를 반대하셨던 것입니다.

## 3. 다 이스라엘이 아니기 때문입니다.

6절 "이스라엘에게서 난 그들이 다 이스라엘이 아니요"

하나님의 절대적 주권 섭리는 온 인류에 대해 구원의 계획이 포함되어 있었고 이스라엘은 구속사 전개 과정에서 모형적 선민으로 선택받은 것은 사실이었습니다.

그러나 이스라엘은 혈통적 특권의식에만 젖어든채 그 구원의 섭리를 잘못 이해하여 자기들의 역사에 그릇되게 적용

시켰던 것입니다.

이러한 면에서 복음을 영접하지 못한 동족들에 대한 안타까움과 탄식이 있었으며 반면에 이방인이라 할지라도 복음을 믿고 구원받은 로마교회와 성도들에게 구속의 은총을 전합니다.

# 약속의 계보

## 로마서 9:7-13

바울은 동족을 향한 근심이 있다고 할지라도 그리스도는 이스라엘의 약속의 계보에서 오신 것을 아브라함, 이삭, 야곱 조상들을 언급하며 설명합니다.

### 1. 아브라함을 약속의 조상으로 택하심입니다.

7절 "아브라함의 씨가…"

왜? 아브라함의 씨인가?

하나님은 아브라함에게 약속하셨습니다.

창 15:5 "하늘을 우러러 뭇별을 셀 수 있나 보라…"

이를 약속의 언약이라 합니다.

아브라함의 씨라는 것은 이스마엘과 이삭은 다 아브라함의 씨였지만 여기서 말한 "자녀"는 이스마엘을 제외한 약속의 자녀 이삭을 가리키며 하나님의 선택은 단순히 육신적인 혈연에 의존하지 않음을 보여줍니다.

이 말은 이삭을 통해서만이 아브라함의 참자녀라는 이름과 직위를 가지고 약속의 후사로 인정될 후손이 나오리라는 의미입니다.

## 2. 이삭을 사랑하시어 택하심입니다.

10절 "리브가가 우리 조상 이삭 한 사람으로 말미암아 임신하였는데"

즉, 이삭은 약속의 자녀로서 이미 단산되어 폐경된 사라가 임신되어 낳은 아들입니다.

반면, 이스마엘은 아버지는 같았으나 여종 하갈에서 출생한 육신의 자녀이므로 이삭은 선택된 자이고 이스마엘은 유기된 자가 된 것입니다.

이는 하나님의 주권에 의해 결정된 것이므로 항변할 수 없는 것입니다.

왜? 이삭만이 약속의 자녀입니까?

언약의 후손에 참여할 수 없는 범주는 이삭으로부터 시작한 그 후손으로만 제한하는 의미입니다. 이삭은 이스마엘과 다른 형제(서자)들과는 달리 하나님의 주권적 선택이 되었으며 이 씨의 최종적 목표는 예수 그리스도를 가리킵니다.

## 3. 야곱을 사랑하시어 택하였습니다.

13절 "내가 야곱은 사랑하고 에서는 미워하였다 하심과 같으니라"

바울은 말라기 1:2-3을 인용하면서 야곱을 사랑하셨다는 것은 그를 약속의 자녀로 "선택"하셨다는 것과 에서는 미워하셨다는 것은 그를 육신의 자녀로 "유기" 하셨다는 것입니다.

곧, "선택"과 "유기"는 하나님의 주권적 결정으로 되어집니다.

창세기 25:22 "아들들이 그의 태 속에서 서로 싸우는지라"

창세기 25:23 "큰 자가 어린 자를 섬기리라"

곧, 한 어머니에서 나온 두 형제라 할지라도 야곱의 약속의 자녀이며 에서는 육신의 자녀로 선택과 유기가 됩니다.

사실, 후에 에서는 팥죽 한 그릇에 장자의 명분을 팔게 됨은 에서는 장자의 명분을 가볍게 여김이었습니다(창 25:34).

이는 야곱이 장자권을 사모하는 것과는 달리 에서의 이러한 태도는 야곱과는 완연한 대조를 이룹니다. 약속의 자녀는 신앙적이나 육신의 자녀는 물질적입니다.

# 구원의 은총

## 로마서 10:9-13

구원은 절대적인 주님의 구속사역으로 이루어진 것입니다.

이사야 53:5 "그가 찔림은 우리의 허물 때문이요 그가 상함은 우리의 죄악 때문이라"

이사야 선지자의 메시야 수난의 예언은 그리스도의 십자가의 수난 사건에서 그대로 성취되었습니다.

이는 복음입니다.

인생은 누구든지 죄로 가득차서 스스로 구원할 수 없음으로 하나님은 우리의 모든 죄악을 주님께 담당시키신 것이었습니다.

곧, 인생을 이처럼 사랑하신 하나님 사랑의 결정체입니다.

이 구원의 은총에 대한 우리의 믿음의 응답은?

## 1. 입으로 시인할 때 구원을 얻습니다.

9절 "네가 만일 네 입으로 예수를 주로 시인하며… 구원을 받으리라"

"네 입으로", "네 마음으로" 병행을 이룹니다.

이는 "예수는 주시다"(Jesusis Lord) 말입니다.

"주"에 해당되는 헬라어는 "퀴리오스" 당시 이 단어는 헬라어세계에 있어 고위직에 있는 사람에게, 또한 노예를 소유한 사람에게 경의를 표하는 호칭이었으나 구속받은 성도들이 예수가 "주"시라는 것을 고백하였던 것입니다. 이는, 주님께서 부활하심과 다시 오심에 대한 종말론적인 신앙적 의미를 주고 있습니다. 주님을 "퀴리오스"로 영접하여 믿으면 곧, 입으로 시인하고 마음으로 믿으면 구원을 얻습니다.

"입으로" "마음으로"는 상호 불가분리의 관계입니다. 입으로 시인하면 마음에서 믿는 것이기에 이것은 중요한 신앙고백이 됩니다.

## 2. 마음으로 믿으면 구원을 얻습니다.

10절 " 사람이 마음으로 믿어 의에 이르고… 구원에 이르느니라"

즉, 성령께서 역사하심으로 사람이 그리스도께 대한 "주"(퀴리오스) 되심을 마음에 믿고 입으로 시인하게 된다는 것입니다.

이 신앙은 중요한 고백이 됩니다.

사람앞에서 주님을 입으로 시인한다며 자기 신앙을 아무 두려움없이 스스로 공인하는 것이며 이는 지적인 차원을 넘어 생활의 차원에서 더욱이 고백되어야 합니다. 혹, 성도들이 핍박받을 때 주님을 구주로 고백하는 것은 큰 능력입니다.

## 3. 주님의 이름을 부르므로 구원 받습니다.

13절 "누구든지 주의 이름을 부르는 자는 구원을 받으리라"

바울은 구약성경에서 요엘 선지자의 예언을 인용합니다.

요엘 2:32에 동일하게 예언되어 있습니다. "여호와의 이름을 부르는 자는 구원을 얻으리니"

요엘 선지자는 이스라엘을 향한 하나님의 진노를 예언하면서도 그러나 하나님의 진노가운데에서도 주의 이름을 부르는 자는 구원을 베푸실 것을 약속한 것입니다.

이 예언은 오순절 이후 베드로도 인용했습니다(행 2:16-21).

바울도 이 말씀을 인용한 것입니다.

다함께 요엘서를 인용하면서 "여호와", "주"와 동일시 하용하는데 "주"는 예수그리스도를 가리킵니다.

이는 구약의 여호와가 신약 예수그리스도와 동일한 하나님이심을 보여줍니다.

곧, 주의 이름으로 구원을 얻습니다.

주의 이름으로 응답을 받습니다.

# 엘리야의 고발

## 로마서 11:1-6

구약에 북이스라엘 7대왕 아합의 시대입니다. 우상숭배 성행과 폭정, 더욱이 왕비 이세벨의 선지자 박해로 죽임을 당하는 어려운 시대입니다.

열왕기상 19:10 "오직 나만 남았거늘…"

엘리야도 이세벨의 박해로 피난길에 올랐습니다.

이세벨은 사신을 보내어 엘리야를 죽이겠다고 전달했습니다.

실제적인 죽음의 핍박입니다. 엘리야는 사환을 데리고 브엘세바로 피신합니다.

또한, 그곳에서 40일 주야로 길을 걸어서 호렙산에 도착합니다. 브엘세바에서 호렙산까지 350km의 먼 길입니다.

그곳에서 크게 낙심하여 "오직 나만 남았다" 라고 하였으나 하나님은 그렇지 않다고 하십니다.

엘리야의 착각(고발)?

## 1. 모든 선지자들이 죽임을 당한 것으로 알았습니다.

3절上 "주여 그들이 주의 선지자들을 죽였으며…"

엘리야는 갈멜산에서 바알선지자 450명과 아세라 선지자 400명과의 영적 대결로 큰 싸움을 합니다.

바알신은 '주인, 남편'이라는 뜻이며 비와 폭풍을 주관하는 풍요와 다산의 신입니다. 제사에서는 신전 여사제와의 사이에 음란한 의식이 거행하였고 인신제사까지 드려지곤 했습니다.

아세라는 바알의 아내로 여겨지며 "하늘여신" "신들의 어머니"로 생식력, 풍요, 다산, 농경의 주신으로 불려집니다.

이들의 제사장들이 이세벨의 상에서 먹는 자들로 대우를 받았으나 갈멜산에서 기도의 응답을 받지 못하여 기손 시내에서 몰살당하게 됩니다(왕상 18:40)

이 광경을 전해들은 이세벨은 복수를 하고자 증오심을 갖습니다. 그녀는 사신을 엘리야에게 보내어 네 생명을 바알, 아세라 선지자들과 같이 너의 생명도 죽을 것이라 통보합니다.

엘리야 선지자는 황급하게 피신하게 되었습니다. 이때에

엘리야 선지자는 모든 선지자들이 죽은 것으로 알았습니다.

## 2. 자신만 홀로 남은줄 알았습니다.

3절下 "나만 남았는데 내 목숨도 찾나이다"

이 하소연은 그만큼 엘리야의 막다른 인생길에서 버거운 고통에 대한 탄식입니다. 그러나 실상 이는 엘리야의 잘못된 오판입니다. 그당시 이세벨의 박해중에도 오바댜가 숨겨놓은 100인의 선지자(왕상 18:4)도 있었습니다.

이때 하나님은 세미한 소리로 답변해 주십니다(왕상 19:12).

이는 하나님의 자신 계시입니다. 또한, 성령에 의해 듣는 내적 감화입니다.

그 결과 하나님의 음성을 듣는 사람은 영적 깨달음을 갖게 됩니다. 이에 비로서 엘리야는 용기를 회복하고 과단성있는 결단을 내리는 것입니다.

## 3. 7천명의 남은 자가 있습니다.

4절 "바알에게 무릎을 꿇지 아니한 사람 칠천 명을 남겨 두었다 하셨으니"

하나님의 답변이 있습니다.

"칠천인"을 남겨두었다 합니다.

이는 극도록 타락하고 혼미한 시대에도 하나님께서 거룩한 공동체의 미래를 지속하기 위해 어느 시대든지 소수의 무리를 항상 남겨 두신다는 것입니다.

언제나 택한 자를 보존하시고 미래를 위해 유지하시며 계승하게 하심입니다. 더욱이 칠천이라는 숫자는 영원전부터 구원 얻기 위해 선택된 모든 성도들의 완전한 수 이며 하나님의 보호받는 자들입니다.

# 구원 이후(성화적 생활)

## 로마서 12:1-5

    그리스도인들은 영적 생활을 하는 자들입니다. 육으로 살던 생활에서 성령으로 거듭나서 새생활, 새사람으로 사는 성화적 주님의 사람으로 사는 것입니다.

    성도의 영적 생활에 가장 중요한 동력은 기도입니다.

    에베소서 6:18 "항상 성령 안에서 기도하고…". 골로새서 4:2 "기도를 계속하고 기도에 감사함으로 깨어 있으라"

    바울은 기도를 계속하고 생활도 영적생활에 힘쓰라고 권면합니다.

    바울은 이미 언급했지만 로마서 8:13 "영으로써 몸의 행실을 죽이면 살리니" 라고 했습니다.

    성도가 이땅에 사는 날 동안 가장 영적생활의 장애물은 부패된 육신의 죄성입니다. 곧, 영적 장애물의 쓴 뿌리입니다.

    이는 성령의 불로 태워야 합니다. 또한, 나 위하여 물과 피를 흘리심으로 깨끗이 씻음 받아야 합니다.

바울은 성화적 생활에 대하여

## 1. 하나님앞에서 영적 예배를 드리라 합니다.

1절 "너희 몸을 하나님이 기뻐하시는 거룩한 산 제물로 드리라 이는 너희가 드릴 영적 예배니라"

바울은 서신의 수신자들인 로마교회 성도들에게 권면합니다.

너희 "몸"은? 몸과 마음의 인격을 뜻합니다.

곧, 개인의 인격 전체를 형성하는 모든 요소를 포함합니다. 이는 하나님께 전인격적으로 하나님께 우리의 몸, 시간, 재능, 더 나아가 생애 전체를 드리는 것입니다. 이는 곧 영적 예배입니다.

원래 죄의 종이었던 우리가 예수그리스도의 피로 씻음받아 새생명을 얻었고 그후 성도된 우리는 주를 위해 살아가는 것입니다.

너희 몸을 거룩한 산제사로 드리라는 것은 구약시대처럼 동물 제사 드리는 것이 아니라 바로 자기 자신을 드리며 지역이나 시간에 구애받지 아니하고 인격과 살아 움직이나 생활 자체로 하나님께 바치는 것을 뜻합니다.

"영적예배"를 좀더 어원적으로 살펴보면 "영적"(spiritual)

인 것은 헬라어 "로기켄"은 "하나님이 요청하시는 예배"로 이방교도의 자의적 행위로 시작되는 헬라어 "푸뉴마티켄", 미신적 행동이 아닌 것입니다.

즉, 영적 예배는 단순히 형식 행위를 의미하지 않고 삶으로와 성령교통의 예배를 뜻하는 것입니다.

## 2. 세상을 향해 영적 전략을 세워서 살아가라고 합니다.

2절 " 너희는 이 세대를 본받지 말고…"

세상을 향한 전략은 먼저 이 시대를 본받지 않는 것입니다.

이 시대란? 세상을 의미합니다.

이 "시대"는 헬라어 "아이온"으로 '세상, 세계'를 의미하는 "코스모스"와 비슷한 의미입니다.

단, "코스모스"는 공간적, 현실적인 세상을 의미하는데 반해 "아이온"은 시간적이고 보이지 않는 세계를 의미합니다.

따라서, 이 시대는 주님의 통치를 부인하고 하나님나라 적대세력을 지칭하며 육신의 가치, 육신의 방식과 기준을 따르는 정신과 마음까지도 포함합니다.

동시에, 둘째 전략입니다.

하나님의 선하심, 기뻐하심, 온전하심을 분별하는 것입니다.

"선하심"은 헬라어 "아기도스"는 계시된 하나님의 말씀으로 규정된 "선"입니다.

"기뻐하심"은 하나님께서 그의 뜻이 이루어지거나 그의 뜻과 일치될 때 기뻐하심입니다.

이처럼, 하나님의 자신의 기쁨을 위해 뜻을 가지고 계시며 응답하십니다.

시편 37:4 "또 여호와를 기뻐하라 그가 네 마음의 소원을 네게 이루어 주시리로다"

"온전하심"은 인간은 타락한 욕심이 작용하기에 악한 뜻이 온전할 수 없습니다.

하나님의 계시된 하나님의 뜻은 뛰어난 속성이며 그 자체가 온전합니다.

신앙과 행위에 충분한 표준입니다.

그래서, 바울은 이 시대를 본받지 말고 마음을 새롭게 하여 하나님의 선하시고 기뻐하시고 온전한 뜻을 분별하라 합니다.

## 3. 올바른 지체의식으로 교회관을 가지라 합니다.

3절 "마땅히 생각할 그 이상의 생각을 품지 말고…"

비른 교회관이 건강한 신앙을 유지하고 보존하고 계승할

수 있습니다.

바울은 교회관에 있어 신학적 설명을 하는 것 보다는 지체 의식으로 교회관을 설명합니다.

5절 "우리 많은 사람이 그리스도 안에서 한 몸이 되어 서로 지체가 되었느니라"

"한 몸"이라는 표현은 통일성을 가리킵니다. 그리스도안에서 한 몸이 된 우리는 신자들의 공동체로 그리스도의 교회를 이룹니다.

지체의식은 친밀성을 이루는 협력, 연합성을 나타내며 "교회론"의 의미를 부각합니다.

따라서 성경적 교회론은 ① 몸의 통일성 ② 지체의 다양성 ③ 지체들의 상호성입니다.

이처럼 사람의 몸에 나타난 유기적 원리가 그리스도의 몸을 이룬 성도들에게도 그대로 적용되어짐을 바울은 설명합니다.

# 사회생활의 의무

## 로마서 13:1-6

그리스도인은 세상에서 지내는 동안에 빛이요, 소금입니다. 그러나 너와 나의 사회공동체 생활에서 언행심사본이 되어야 합니다.

사회제도와 규범, 국가권력과 조세에도 잘 순응하는 것이 의무라 할 것입니다. 더욱이 이 서신은 로마교회 성도들에게 보내고 있고 당시 로마는 세계 제일의 군사, 정치, 경제, 문화, 예술이 뛰어난 국가였습니다. 그럼에도 성도는 국가관의 의식을 가져야 하고 무차별적 적대감으로 투쟁치 말 것을 설명합니다.

### 1. 국가권력은 하나님께로 옵니다.

1절 "권세는 하나님으로부터 나지 않음이 없나니…"
구약 애굽에서 바로의 통치를 받던 이스라엘 백성들이었습니다. 당시 바로는 악명 높은 이스라엘 백성을 압제하고 종으로 부렸고 그 괴로움으로 인한 탄식이 하늘에 사무쳤습니다(출 2:23-25). 그럼 이러한 악명높은 불의한 권력자에게도 그 권위를 인정하여야 하는가?

바울은 로마교회 성도들에게 답변합니다. 그 친력을 인정하라입니다. 악명높은 그 권력조차도 하나님께 나왔기 때문입니다. 바울은 로마서 9:17에서 "성경이 바로에게 이르시되 내가 이 일을 위하여 너를 세웠으니 곧 너로 말미암아 내 능력을 보이고…"

그래서 바로를 완악하게 하셨다고 함입니다.곧, 세상 악명 높은 권력자도 하나님의 세워진 것이며 이 땅에 권세도 하나님께서 세우시고 폐하시기도 하심입니다.

다 하나님의 주권에서 이루어지는 것입니다. 그러므로, 사랑은 숭배의 대상이 될 수 없고 그를 세우신 하나님의 절대 주권적 섭리를 경외함이 마땅합니다. 진정한 역사의 결과적인 통치의 주관자는 오직 하나님이십니다.

바울은 다음과 같이 설명합니다.


## 2. 조세의 의무가 있습니다.


6절 "너희가 조세를 바치는 것도 이로 말미암음이라…"

당시 로마의 기독교인들은 국가에 부과된 세금을 내고 있었습니다. 이것은 로마의 기독교인들이 납세를 거부하거나 납세에 대한 저항을 하지 않고 있음을 말해 줍니다.

혹, 로마의 성도들 중에 납세를 하지 아니하면 징벌을 받을까 두려워하여 억지로 세금을 낸 경우가 있었습니다.

그러나, 바울은 이교도 국가라 할지라도 로마 정부가 가진 권위를 부여하신 분도 하나님이시므로 하나님에 대한 신앙으로 납세의 의무를 이행함이 옳은 것이라 합니다.

즉, 통치자들은 그들의 일상적으로 하는 일이 바로 하나님께서 위임해 준 일이라는 것은 자각하여야 함은 물론, 정직과 섬김으로 직무를 처리해야 함이 되어야 함에도 불의한 관원으로 토색하거나 고압적 자세로 탈선하는 경우가 있음은 두려운 일입니다.

## 3. 이웃을 사랑함입니다.

10절 "사랑은 이웃에게 악을 행하지 아니하나니…"

10절은 사랑의 소극적인 의미입니다. 그러나 많은 경우에 성도들은 이런 의미에서의 사랑도 실천하지 못하는 경우도 허다합니다. 따라서 이런 소극적 의미에서도 사랑이 강조되어야 합니다.

실제 주님은 마태복음 22:39 "네 이웃을 네 자신 같이 사랑하라" 적극적 의미의 사랑의 실천입니다. 이는 레위기 19:18 "네 이웃 사랑하기를 네 자신과 같이 사랑하라"를 인용한 것입니다.

인간은 누구나 자기 자신을 무의식적으로 본능적으로 돌봅니다. 그리고, 자기 자신을 돌봄이 무조건적 먼저입니다. 또한 사람은 자신의 잘못과 허물에 대하여는 관대하고 쉽게 잊어버리곤 하며 지나칠 정도로 자기르루 사랑합니다. 주님은 바로 이점을 부각시키며 내 이웃을 이처럼 사랑하느누 적극적 의미에서 희생적 사랑을 원합니다.

이와같이 할때에 율법의 완성이라 합니다. "완성"은 헬라어 "프레로마"로 '충만'이라는 뜻입니다. 즉, 사랑으로 율법이 충만해진다는 의미입니다.

적극적 사랑이 율법의 정신입니다. 모든 법은 그 법을 만든 "법의 정신"이 있습니다. 근본정신이 무시되면 법조문은 껍데기에 불과합니다. 그래서 바울은 고린도전서 13:13 "믿음, 소망, 사랑, 이 세 가지는 항상 있을 것인데 그 중의 제일은 사랑이라"고 했습니다.

십자가의 사랑, 독생자를 보내신 하나님 사랑, 아가페의 "희생적 사랑"이 율법의 완성입니다.

# 영적 각성

## 로마서 13:11-14

바울은 영적 각성을 촉구하며 이 시기를 분별하라고 합니다. "시기"는 연대기적으로 흐르는 시간 크로노스(세상의 시간)가 아니라 하나님의 시간(카이로스)을 말합니다. 이는 주님의 재림을 연상시키는 시간입니다. 따라서 주님의 재림으로 오게 될 역사의 종말을 그 시기의 성격이나 현상을 통해 깨닫는데 마태복음 24장에서 그 현상을 근거함입니다.

다라서, 이 시기가 주는 의미를 깨달아 영적 각성을 바울은 촉구함이라고 볼 수 있습니다.

주님도 마태복음 24:27 "번개가 동편에서 나서 서편까지 번쩍임 같이 인자의 임함도 그러하리라" 영적 각성을 주시는 말씀입니다.

성도는 처음 믿을 때 보다 세월이 흐르며 확실히 보장된 구원의 약속과 소망이 진전되고 있음을 간절히 바라야만 합니다. 바울은 다음과 같이 영적 각성을 촉구합니다.

## 1. 빛의 갑옷을 입자 라고 합니다.

12절 "어둠의 일을 벗고 빛의 갑옷을 입자"

쿰란문서에 의하면 사람들은 두 부류로 나누어 집니다.

한 부류는 어둠의 사자에 의하여 지배를 받는 육신의 자녀와 한 부류는 빛의 왕자에 의해 지배를 받는 영적 자녀들입니다.

그러다가 말세에 이들 두 세력이 큰 싸움이 벌어지게 되는데 그것을 바리켜 빛의 아들과 어둠의 아들과의 전쟁이라고 합니다.

그러므로, 바울은 불신 세계에서 입고 있던 육신의 옷을 벗고 곧, 어둠에서도 벗어버리자 촉구합니다.

성령으로 충만하여 영으로 몸을 죽이며 빛의 갑옷을 입으라는 것입니다.

갑옷은 에베소서 6:13-17 잘 기재되어 있는데, 곧, 말씀과 기도로 성령충만입니다.


## 2. 낮에와 같이 단정히 행하라고 합니다.

13절 "낮에와 같이 단정히 행하고…"

바울은 밤의 생활에 대해서 방탕, 술취함, 음란, 호색, 질투, 시기를 나열합니다.

이러한 무절제는 성적인 방탕, 시기로 인하여 서로 싸우는 것은 육신의 죄된 속성에서 비롯되는 것입니다. 부끄러운 어두운 일입니다. 이 속성을 이길 수 있는 힘은 오직 성령의 강림하심과 감화이며 돌같은 마음을 녹일 수 있습니다.

## 3. 그리스도의 옷을 입자 라고 합니다.

14절 "오직 주 예수 그리스도로 옷 입고…"
그리스도의 옷은 바울은 에베소서 6:13-17에서 상세히 설명한 "전신갑주"입니다.

칼빈은 이 말씀을 "성령의 능력으로 강하여지고 하나님의 형상으로 회복되어 모든 성결의 의무를 감당할 수 있도록 영적 각성, 영적 준비함을 뜻한다"라고 했습니다. 더욱이 주님의 옷을 입는다는 것은 이미 육신의 죄, 허물은 세례로 통하여 죽고 주님의 부활하심과 성령의 거듭남으로 영적 새사람, 새생활로 옷을 입는 것입니다.

영적 잠에서 깨어 종말론적 신앙으로 주님을 사모하여 빛의 갑옷, 곧, 주예수 그리스도 옷을 입고 늘 깨어 있어야 함입니다.

# 관용과 섬김

## 로마서 14:1-8

  그리스도인은 성화적 믿음과 성숙한 생활상을 늘 추구하는 자들입니다.

  이러한 영적생활은 평생에 은혜의 생활로의 지표이며 늘 사모하며, 기도하면서 경건하게 사는 것입니다.

  만약, 육신에 계속 머물러 있고 내적 변화와 새로운 피조물로 사는 생활이 없는 것은 영적 고통이 따르게 되며 능력이 나타나지 않습니다.

  반면에 경건생활이 깊어지면 성화적 믿음으로 하나님께 예배하며 연광을 돌리는 생활을 하게 됩니다.

  또한, 영적 성숙함으로 긍휼히 여기는 마음과 관용적 생활을 대인관계에서 보여줄 수 있습니다.

  관용과 섬김의 미덕에 대하여 다음과 같이 말합니다.

# 1. 비판하지 말라고 합니다.

1절 "믿음이 연약한 자를 너희가 받되 그의 의견을 비판하지 말라"

바울은 로마교회안에 연약한 성도들을 대할 때 비웃거나 무시하지 말고 관용적으로 이해하고 받아드리라고 권면합니다.

혹, 연약한 자들이 열등감이나 주눅들게 하는 것을 관용적 처사가 되지 못하는 것입니다.

더욱이 비판하지 말라고 합니다.

"비판"은 헬라어 "크리노"로 '정죄하다, 고소하다, 이간질하다' 등 다양한 의미를 담고 있습니다.

로마서에서는 모든 인생은 죄인임을 선언하며 이미 타락되어 죄로 물든 부패한 육신의 죄성으로는 구원받을 수 없었으나 주예수 그리스도의 속죄의 은총으로 주님을 구주로 영접하여 고백하는 믿는 자에게 의롭다(칭의)함을 얻게 하신 것입니다.

이처럼, 구원받은 이후 성도는 영적 그리스도인으로 변화하여 거룩한 자로서 점진적으로 내적, 외적 성숙함(성화)을 이루는 것입니다.

그러므로, 성도의 거룩한 미덕은 관용입니다.

무엇보다도 비판치 않는 언행심사입니다.

사단은 욥을 시기, 이간질, 참소하며 하나님께 욥을 비판(고소) 했습니다.

비판은 사단의 속성이며 계략입니다.

무서운 사단의 전술, 전략이나 거짓입니다.

## 2. 업신여기지 말라고 합니다.

3절 "먹는 자는 먹지 않는 자를 업신여기지 말고…"

물론, 바울은 교회내에 믿음이 있는 자와 없는 자 사이에 벌어질 수 있는 위험을 방지하려는 설명이나 동시에 있는 자와 없는 자 사이에서 생겨날 수 있는 반목질시의 문제입니다.

더욱이 강한 자, 있는 자가 약한 자, 없는 자를 업신여기는 것, 즉 눈 아래로 보는 경멸은 심한 상처와 눈치를 주게 되는 횡포입니다.

바울은 이런 사회적 현상이 교회안에 한몸 이룬 형제들에게 있어지지 않기를 바라며 모든 사람에 관용을 알게 할 것을 권면합니다.

왜냐하면, 약한 자, 없는 자도 주께서 자녀 삼으신 성도이기 때문입니다.

4절 "남의 하인을 비판하는 너는 누구냐…"

바울은 주인과 하인의 관계를 비유로 강한 자와 약한 자, 있는 자와 없는 자를 설명합니다.

주인은 약한 자, 없는 자라도 사랑으로 받은 것이라 합니다.

곧, 크신 사랑과 관용입니다.

## 3. 섬김입니다.

8절 "사나 죽으나 우리가 주의 것이로다"

"섬김"은 주님의 구속사의 모형입니다.

이 땅에 성육신 하시어 33년동안 기도와 전도, 말씀 선포로 "인자는 머리 둘 곳이 없다"고 말씀하시며 아버지의 보내신 뜻을 순종하셨습니다. 인류 대속 사역을 위해 십자가에서 고난 받으시며 창세전 예정하신 하나님의 구원의 계획을 온전히 성취시키신 것이었습니다.

주님의 구속사의 모든 사역은 오직 "섬김"이었습니다.

마태복음 20:28 "인자가 온 것은 섬김을 받으려 함이 아니라 도리어 섬기려 하고 자기 목숨을 많은 사람의 대속물로 주려 함이니라"

오늘날, 신자들도 "섬김"의 도를 사는 것입니다.

바울은 사나 죽으나 주의 것이로다 라고 했습니다.

이는 주님의 섬김을 본받는 십자가의 길입니다.

바울은 다메섹 회심후 그의 생애는 갈라디아서 2:20 "이제는 내가 사는 것이 아니요 오직 내 안에 그리스도께서 사시는 것이라 …"고 했습니다.

로마서 14:8에도 "우리가 살아도 주를 위하여 살고 죽어도 주를 위하여 죽나니…"

이는 우리 신자의 삶의 지표가 됩니다.

신자(성도) 삶은 죽음도 자신에 의해 주관되는 것이 아닙니다. 주님의 종에 예속되며 자기 목숨 얻고자 하는 자 잃을 것이며 주를 위해 자기 목숨을 잃고자 하면 얻게 됩니다(마 10:39).

따라서 로마교회 신자(성도)들에게 삶의 원리를 주를 섬기며 사는 것을 평생 되어지기를 권면합니다.

# 기쁨의 미덕

## 로마서 15:1-7

바울은 14장에서 논의된 문제를 15장에서 계승하여 주로 강한 자와 약한 자 사이에서 "덕"을 세울 것을 권면합니다.

바울은 교회가 인종과 국가를 초월하여 조화와 단결을 도모하여야 하며 성도간 화합하고 관용을 베풀어야 할 것을 강조합니다. 그러기 위해서는 강한 자, 있는 자가 더욱 약한 자와 없는 자에게 이해와 포용으로 수용하는 미덕이 있어야 함을 보여주라고 합니다.

곧, 섬김의 미덕입니다.

### 1. 자기를 기쁘게 하지 않음입니다.

1절 "믿음이 약한 자의 약점을 담당하고 자기를 기쁘게 하지 아니할 것이라"

세상은 양육강식의 생존사회입니다. 곧, 강한 자가 약한 자를 억누르고 지배하는 곳입니다.

그러나, 바울은 강한 자가 약한 자의 짐을 함께 나누고 사는 동반자가 되어야 함을 말합니다.

약한 자의 "약점"이란 무엇입니까?

"약점"은 헬라어 "타이스 데네메타"로 '연약함, 짐'의 뜻입니다.

갈라디아서 6:2 "너희가 짐을 서로 지라"와 의미가 같습니다. 이와같이 강한 자는 오히려 약한 자가 진 짐을 헤아려 짊어져야 함입니다.

누구든지 고난을 당하면 연약함, 약점이 있게 마련입니다. 이때 고난받는 형제를 비웃거나 약점을 고소, 고발하여 해를 끼친다면 그보다 더 큰 해악이 없다고 할 것은 자명합니다.

욥이 고난당할 때 욥의 3친구는 인과응보의 사고력으로 욥을 지난했습니다.

그러나, 욥이 당하는 고난은 의인이 당하는 연단, 시련입니다.

이와같이 약한 자의 약점을 나누는 이해심, 포용력, 위로가 형제를 기쁘게 하는 미덕입니다.

이것이 곧, 복음입니다.

## 2. 이웃을 기쁘게 합니다.

2절 "우리 각 사람이 이웃을 기쁘게 하되 선을 이루고 덕을 세우도록 할지니라"

이 말은 단순히 남의 기분을 낮추라는 그 이상의 의미가 있습니다.

곧, 이는 타인의 영적 각성에 유익한 일이라면 자기 희생을 감수하더라도 헌신함이 필요한 것입니다.

이러한 요구는 가능한 많은 사람을 주께로 인도하기 위하여 자기 자신의 모든 유익을 뒤로 하고 복음의 일에 참여하여 교회와 형제들에게 힘이 되고 기쁨이 되는 의미입니다.

사실, 자기를 기쁘게 하지 않음은 소극적 사랑의 실천이라며 이웃을 기쁘게 함은 적극적 사랑의 실천임으로 소극적, 적극적 다 희생의 실천입니다.

이는 "선"을 이루고 "덕"을 세우는 것입니다. "선을 이루고"는 헬라어 "에이스토 아가돈"으로 도덕적으로 자신을 위함이 아니라 남을 생각하는 선행입니다.

"덕"을 세운다는 것은 헬라어 "포로스"로 '집을 세운다'는 뜻으로 교회를 세워나간다는 의미입니다.

## 3. 주님도 자기를 기쁘게 하지 않았습니다.

3절 "그리스도께서도 자기를 기쁘게 하지 아니하셨나니…"

주님도 이 세상에 태어나실 때에 베들레헴 마굿간에서 출생하셨고 또 목수의 아들로 자라나셨으며 공생애중에 "인자는 머리 둘 곳이 없다고" 탄식하셨습니다.

곧, 부귀영화와는 거리가 먼 세속에 부요함을 모르는 청빈한 생활을 평생 하신 것입니다.

이는 인류 구속사역을 이루는 고난의 길이었습니다.

더 나아가 십자가에 죽으신 것입니다. 이러한 구속사역은 하나님의 기쁨이요 인류 구속사의 성취입니다.

# 로마 방문 계획

## 로마서 15:22-29

바울은 지금까지는 로마교회에 간적이 없습니다. 여러번 가고자 했으나 뜻을 이루지 못하여고 이번에는 서바나지역 오늘날 스페인 지역에 복음전파 계획을 위해 로마에 방문코자 밝히고 있습니다.

당시 로마는 전략적 요충지이기 때문에 협조를 요청할 뜻이 있었던 것입니다.

사도 바울의 로마교회 방문 계획은 다음과 같습니다.

### 1. 서바나지역에 복음 전파키 위함입니다.

24절 "지나가는 길에…"
서바나는 지중해 연안 서쪽에 위치한 곳입니다.
바울은 4차 전도여행 중 서바나지역은 전도하지 못했고 그러나 이제는 23절에 언급한 것 같이 서바나로 선교여행을 가고자 계획하였고 이를 위하여 먼저 로마에 방문하나 오래 머물지 않겠다는 바울은 여행계획을 밝히고 있습니다.

바울이 로마교회를 방문하고자 하는 계획은 성도들을 대면하여 보고 역시 로마교회 성도들도 사도들은 간절히 만나기를 사모하였기 때문이기도 합니다.

또한, 마지막 사역이 될지 모르나 서바나 선교사역에 로마교회의 참여를 공개적으로 부탁하면서 재정적 지원과 조력자들의 도움을 요청합니다. 바울은 이미 지중해 동북부 연안을 복음화시켰고, 곧, 고린도, 데살로니아, 에베소, 빌립보, 다메섹 등을 가리킵니다.

이제 더 이상 그 지역에서는 복음을 전할 지역이 없고 서바나만 남은 것이었습니다.

## 2. 예루살렘교회도 방문 계획도 있습니다.

25절 "이제는 내가 성도를 섬기는 일로 예루살렘에 가노니"

서바나 선교계획의 중간 경유지로써 로마를 바로 가야 하지만 도중에 예루살렘을 거쳐야 할 형편이 있습니다.

그 이유는 무엇입니까? 예루살렘교회 모든 교회에 모(母)

교회로써 모든 지도자들, 곧 야고보 총회장 등 사도들이 있는 교회에 그동안 핍박과 흉년 등으로 가난한 성도들이 많이 있었습니다.

이러한 위급한 가난과 궁핍 때문에 이방 모든 교회는 모교회를 돕지 않을 수 없고 바울도 역시 모교회를 도와야 할 의무가 있었던 것이기 때문입니다.

바울도 예루살렘교회가 모교회이며 많은 영적 빚을 진 채무감이 있었던 것이기 때문입니다.

예루살렘교회는 늘 가난했습니다. 그것은 가난한 성도들이 너무 많았기 때문입니다.

이러한 형편에서 바울은 이방교회와 성도들이 예루살렘교회를 물질적으로 도와 교회간에 사랑의 관계가 돈독히 형성되기를 바랐던 것입니다. 따라서 성도를 섬기는 일을 구체적으로 말하면 예루살렘교회를 구제하기 위하여 마게도니야와 아가야 지방에서 모금한 돈을 전달한 것입니다.

# 바울의 감사와 문안(1)

## 로마서 16:1-5

본서는 일부 성경학자들이 독립서신이라 주장합니다.

그 이유는 바울이 로마를 한번도 방문하지 않았고 최소한 26명 이상의 사람들과 5개 처소 교회들에게 문안할 수 있을까 하는 의문입니다.

그러나, 역사적으로 16장은 다른 곳으로부터 첨부된 것이 아니라 바울이 로마에 보내는 편지의 마지막 부분이 되어짐을 받아들여야 함이 개혁주의 학자들의 공통된 점입니다.

### 1. 뵈뵈여 집사에게 문안합니다.

1절 "우리 자매 뵈뵈를 너희에게 추천하노니"

뵈뵈는 겐그리아교회 여집사입니다.

겐그리아교회는 고린도에서 남동쪽으로 약 1km 떨어진 항구도시입니다.

당시 무역과 상업의 중심지인 고린도의 중심된 교통의 중심지도 됩니다.

바울이 2차 전도여행중 세워진 교회가 고린도교회인데 그 결과 세워진 교회 가운데 하나가 겐그레아교회입니다.

바울은 로마교회에 뵈뵈 여집사를 소개합니다.

"집사" 헬라어로 "디아코노스"는 '섬기는 자, 사역자'의 의미입니다.

뵈뵈는 교회에서 충성심이 탁월하였고 진정 교회에서 없어서 안될 사도들의 사역자였다고 추천합니다.

이러한 뵈뵈 여집사를 통해 로마서 서신이 로마교회에 전달하는 주요한 임무를 수행하게 됩니다.

## 2. 브리스가와 아굴라를 문안케 함입니다.

3절 "나의 동역자들인 브리스가와 아굴라에게 문안하라"

바울은 두 사람을 바울이 고린도에서 사역할 시에 만난 사람들입니다.

원래, 이 두 사람은 부부이며 로마에서 고린도로 왔으며 장막 만드는 기술을 가지고 있어 바울에게 큰 힘이 된 것입니다.

두 부부 중 아내 브리스가는 더 믿음에 성숙한 편이어서 남편 아굴라에게 헌신적 믿음의 영향을 미치게 함이 틀림 없습니다.

더욱이 바울이 에베소에서 폭동이 일어나 죽을 수밖에 없는 위급한 위험속에서 목숨을 걸고 바울을 일사각오로 지키며 피하게 했던 고마운 부부였습니다.

## 3. 에베네도를 문안합니다.

5절 "내가 사랑하는 에배네도에게 문안하라"

그는 바울의 3차 전도여행중 에베소에서 회심한 최초의 이방인입니다.

브리스가와 아굴라와 함께 에베소에서 로마에게까지 동행했으며 바울은 그를 아시아에서 처음으로 믿는 복음의 열매라고 합니다.

# 바울의 감사와 문안(2)

## 로마서 16:6-12

바울은 계속하여 그의 사역에서 고마운 친척과 성도들에게 11명에게 감사를 표하며 문안합니다.

### 1. 6-8절입니다.

1) 마리마입니다(6절).

로마교회에 헌신하는 유대인 출신 여성도로 교회안에 영향력이 컸습니다.

신약성경에는 7명의 마리아 동명 이름이 나옵니다.

① 예수의 어머니 ② 막달라 마리아 ③ 야고보의 어머니 ④ 글로바의 아내 ⑤ 마르다의 동생 ⑥ 마가요한의 어머니 ⑦ 본절의 마리아입니다.

### 2) 안드로니고, 유니아입니다(7절).

이 두 사람은 바울이 감옥에 투옥되었을 때 함께 갇힌 자들이나 바울이 여러번 투옥시 한번 같이 갇힌 바 된 것입니다. 아마도 그곳은 에베소 폭동사건 시에 있었던 것으로 보여집니다.

### 3) 암블리입니다(8절).

"주 안에서 내 사랑하는 암블리아에게 문안하라"

이름 "암블리아"의 뜻은 "큰" 또는 "많은" 이라는 의미를 지냅니다. 이런 이름은 당시 로마에서 흔했으며 특히 귀족 가문에서 많이 사용 되었습니다.

바울은 "암블리아"에게 "내 사랑하는…" 라고 다정한 수식어를 사용하며 특별히 개인적 친밀한 신뢰관계임을 나타내는 우정이 돈독함을 보여줍니다.

## 2. 9-10절입니다.

### 1) 우르바노와 수다구입니다(9절).

"우리의 동역자인 우르바노와 나의 사랑하는 스다구에게 문안하라"

우르바노 이름은 대체로 노예 이름입니다.

그러나, 바울은 그를 가리켜 "나의 동역자"라고 합니다. 그도 과거 오네시모와 같이 노예의 신분에서 복음으로 노예 신분에서 자유함을 얻어 그후에 복음사역에 협력자가 된 것과 같습니다.

또한, 스다그입니다.

그도 역시 암브리아와 같이 바울과 개인적인 신뢰와 친밀한 친분관계가 있던 자로 로마교회 성도이며 귀족 가문의 출신으로 여겨집니다.

### 2) 아벨라, 아리스도입니다(10절).

아벨라입니다.

아벨라는 혹독한 시련을 통해 신앙적 연단을 단단히 받은 자 임을 보여줍니다.

자신에게 임한 어려운 시험을 이기고 귀한 믿음으로 흔들리지 않고 교회에 그의 믿음과 헌신이 신임 받고 있음이 확실합니다. 또한, 아리스도 블로의 권속입니다.

아리스도블로는 기독교인이 아닙니다. 그는 헤롯왕의 손자였으며 아그립바와 형제였고 당시 그는 오랫동안 로마에 살면서 로마 황제 글라우디오의 친구인 왕족이었던 것입니다.

그러나, 그의 집에 속한 노예들과 자유인들은 "아리스도블로" 권속이라 불러지므로 기독교인이라 한 것입니다.

## 3. 10, 12절입니다.

### 1) 헤로디온, 나깃수의 가족입니다(11절).

헤로디온을 친척이라 함은 유대 동족을 지칭하는 표현으로 7절 안디로니고와 유디아와 같은 표현입니다.

바울은 주로 이방인을 향한 선교사였지만 항상 그의 동족에게 특별히 애정을 갖고 있고 고마움을 표현한 것입니다.

나깃수의 권속 중 주안에 있는 자란?

나깃수는 극악무도한 자요 로마 황제 티베리우스시 노예의 신분으로 있다가 해방된 자유인이었고 권모술수로 돈을 모아 부자가 된 자입니다.

그러나, 그의 집안에 노예나 자유인들 중 기독교인 된 자들에게 대한 문안입니다.

### 2) 드루배나, 드루보사, 비시입니다(12절).

두르배나와 드루보사는 쌍둥이 자매입니다.

당시 귀족집안 출신으로 풍요로운 생활속에서 사치와 허영적으로 살지 않고 복음에 헌신과 열심적 신앙의 여성들이었습니다.

또한, 비시는 노예 혹은 자유인 출신으로 여자 이름으로 보여집니다.

그녀는 해방된 자유인으로 독신주의로 지내며 더 복음을 위해 교회에서 더 많이 수고를 한 헌신자였습니다.

그러나, 바울은 지나날 비시의 헌신적 생활을 회상하며 문안을 드리나 이 서신을 쓸 시기는 비시는 연로한 성도로 그녀의 연령이나 허약한 육체가 더 이상 헌신을 할 수 없을 것으로 보여집니다.

# 바울의 감사와 문안(3)

## 로마서 16:13-16

바울은 고마운 지난 성도들을 추억하여 감사와 문안을 하고 있습니다. 본문에서는 마지막 열두 여성도들을 문안합니다.

## 1. 먼저 루포는 예수님의 십자가를 진 구레네사람 시몬의 아들입니다(13절).

루포는 그의 아버지 시몬이 반 억지로 주님 대신 십자가를 짊어지고 골고다 언덕을 올라갔으나 이 때문에 로마교회 성도들에게 명성을 얻고 있었으나 그 자신이 무엇보다도 십자가 사건의 주님을 영접한 헌신자였습니다. 바울은 루포의 어머니를 언급합니다.

바울이 회심한 후 잠시 루포의 집에 머문적이 있었는데 친절과 사랑으로 돌보아줌을 기억하며 존경의 심정을 표현합니다.

## 2. 아순그리도, 블레곤, 허메, 바드로바, 허마 등 형제들 입니다(14절).

이들에 대해서는 단순히 이름만 나오고 그들에 대한 칭찬과 설명이 없습니다.

이들은 다 남성도들이며 이들은 노예 계급에 있는 그리스도인 된 자들입니다.

## 3. 빌롤로고, 율리아, 네레오, 그의 자매 올름바입니다 (15절).

이들은 황제가문 소속으로 노예계층의 속한 그리스도인들 입니다.

이들의 이름들은 특히 헬라와 라틴 묘비에 흔히 발견되었고 정기적으로 한 자리에 모여 예배하는 신실한 그리스도인들로 로마교회에서도 귀감이 되었습니다

# 영적 전략

로마서 16:17-20

바울은 마지막 서신을 마치면서 사단의 공격으로부터 경계하는 영적 전략을 당부합니다.

## 1. 교훈을 거스려 분쟁을 일으키는 것을 경계하라고 합니다.

17절 "교훈을 거슬러 분쟁을 일으키거나 거치게 하는 자들을 살피고 그들에게서 떠나라"

어느 교회든지 거짓 교사들이 등장하여 복음을 떠난 가르침으로 교회안에 혼란과 분열을 가져옵니다.

로마교회도 거짓 교사들이 잠입하여 교회안에 영적 질서를 무너뜨리는 위험에 빠지게 합니다.

바울은 경고합니다.

주님의 십자가의 진리를 외면하고 다른 도를 가르쳐 그가 가르침을 다르게 하여 교회안에 분열을 가져오는 치명적 위험을 가져오게 했습니다.

그럼, 거짓 가르침은 무엇입니까?

영지주의자들의 가르침인 물질은 악하고 영혼만 선하라는 이분론적인 흑백론자들이며 도덕 폐기론자들입니다. 또한, 율법으로 의롭다 얻는 것이라는 율법주의자들입니다.

바울은 경고합니다. 결단코 이들에게서 떠나라 경계선을 넘어가지 않게 합니다.

## 2. 교활한 말과 아첨하는 말에 미혹받지 말라고 합니다.

18절 "자기들의 배만 섬기나니 교활한 말과 아첨하는 말로 순진한 자들의 마음을 미혹하느니라"

"교활"은 '유창한 말, 수긍이 갈 만한 말'로 멋있는 그럴듯한 언변이다. 그러나, 그 자체는 거짓이고 유혹하는 거짓 화술에 불과합니다.

"아첨"은 '진실하지 않는 능변, 진실이 없는 거짓, 감언이설'입니다.

이러한 수법으로 거짓 교사들은 교회안에서 분열을 일으키고 어린 성도들을 자기를 추궁케 합니다.